Minder angstig in sociale situaties

Dit boek, Minder angstig in sociale situaties, Werkboek voor de cliënt, is onderdeel van de reeks Protocollen voor de GGZ.

Serie Protocollen voor de GGZ
De boeken in de reeks Protocollen voor de GGZ geven een sessiegewijze omschrijving van de behandeling van een specifieke psychische aandoening weer. De theorie is beknopt en gestoeld op wetenschappelijke evidentie voor zover deze bekend is. Protocollen voor de GGZ is bedoeld voor psychologen, psychotherapeuten, psychiaters en andere hulpverleners.

In deze serie verschenen eerder de volgende werkboeken voor de cliënt:
- Stop met piekeren
- Niet meer depressief
- Verbeter je slaap

Bestellen:
De boeken zijn te bestellen via de boekhandel of rechtstreeks via de webwinkel van uitgeverij Bohn Stafleu van Loghum: www.bsl.nl.

Redactie
Dr. Claudi Bockting, klinisch psycholoog, psychotherapeut en gedragstherapeut, universitair hoofddocent Klinische psychologie, Rijksuniversiteit Groningen
Drs. Willemijn Scholten, psychotherapeut en gedragstherapeut; zij verricht onderzoek bij de afdeling psychiatrie VUmc en GGZinGeest, Amsterdam
Dr. Mascha ten Doesschate, psychiater Universitair Medisch Centrum Groningen, afdeling Psychiatrie
Prof. dr. Chijs van Nieuwenhuizen, psycholoog en psychotherapeut, bijzonder hoogleraar Forensische geestelijke gezondheidszorg, Universiteit van Tilburg/GGzE

Minder angstig in sociale situaties

Werkboek voor de cliënt

Marisol J. Voncken

Susan M. Bögels

Houten 2010

© 2010 Bohn Stafleu van Loghum, onderdeel van Springer Media
Alle rechten voorbehouden. Niets uit deze uitgave mag worden verveelvoudigd, opgeslagen in een geautomatiseerd gegevensbestand, of openbaar gemaakt, in enige vorm of op enige wijze, hetzij elektronisch, mechanisch, door fotokopieën of opnamen, hetzij op enige andere manier, zonder voorafgaande schriftelijke toestemming van de uitgever.

Voor zover het maken van kopieën uit deze uitgave is toegestaan op grond van artikel 16b Auteurswet j° het Besluit van 20 juni 1974, Stb. 351, zoals gewijzigd bij het Besluit van 23 augustus 1985, Stb. 471 en artikel 17 Auteurswet, dient men de daarvoor wettelijk verschuldigde vergoedingen te voldoen aan de Stichting Reprorecht (Postbus 3051, 2130 KB Hoofddorp). Voor het overnemen van (een) gedeelte(n) uit deze uitgave in bloemlezingen, readers en andere compilatiewerken (artikel 16 Auteurswet) dient men zich tot de uitgever te wenden.

Samensteller(s) en uitgever zijn zich volledig bewust van hun taak een betrouwbare uitgave te verzorgen. Niettemin kunnen zij geen aansprakelijkheid aanvaarden voor drukfouten en andere onjuistheden die eventueel in deze uitgave voorkomen.

ISBN 978 90 313 8592 8
NUR 777

Ontwerp omslag: Studio Bassa, Culemborg
Ontwerp binnenwerk: Studio Bassa, Culemborg
Automatische opmaak: Pre Press Media Groep, Zeist

Bohn Stafleu van Loghum
Het Spoor 2
Postbus 246
3990 GA Houten

www.bsl.nl

Inhoud

	Voorwoord	7
	DEEL 1 **HET VOORBEREIDEN VAN DE THERAPIE**	9
	De diagnose sociale-angststoornis	11
	Het belang van het maken van thuiswerk	13
	Het maken van uw 'eigen situaties'	15
	Het idee achter de therapie ('Rationale')	17
	Het maken van dagboeksituaties	19
	DEEL 2 **HET STAPPENPLAN**	21
1	Wat is uw spontane interpretatie?	23
2	Welk effect heeft uw interpretatie op uw gevoel en gedrag?	25
3	Maak een interpretatie-brainstorm	29
4	Verzamel andere interpretaties bij anderen	43
5	Evalueer de kans dat uw spontane interpretatie waar is	49
6	Evalueer de ernst van uw spontane interpretatie	51
7	Bedenk: Wat kan ik doen als …?	53
8	Maak een nieuwe genuanceerde interpretatie	55
	Afronding	57
	DEEL 3 **EXPERIMENTEN**	59
	Het maken van een experiment	61
1	Observatie	63
2	Gedragsexperiment	65

| 3 | Enquête | 69 |
| 4 | Rollenspel | 75 |

DEEL 4
DE TOEKOMST — 81

Evaluatie van de therapie — 83

Hoe verder na de therapie? — 85

Wat te doen bij terugval? — 87

Bijlage 1 Dagboeksituaties — 91

Bijlage 2 Overzicht 'eigen situaties' — 95

Bijlage 3 Eigen situatie 1 — 97

Bijlage 4 Eigen situatie 2 — 103

Bijlage 5 Eigen situatie 3 — 109

Bijlage 6 Eigen situatie 4 — 115

Bijlage 7 Eigen situatie 5 — 121

Voorwoord

Voor u ligt een werkboek voor mensen met een sociale-angststoornis. Met dit werkboek kunt u leren om uw sociale angst te verminderen door anders te gaan denken in sociale situaties. Mensen met een sociale-angststoornis zijn bang dat anderen hen negatief evalueren (Bögels et al., 2010). Ze zijn bijvoorbeeld bang dat anderen hen dom, raar, zwak, minder, saai, oninteressant of arrogant vinden. Vaak hebben ze ook last van gedachten zoals 'ik ben dom' of 'ik ben minderwaardig'.

Uit onderzoek weten we dat mensen met een sociale-angststoornis de kans overschatten dat anderen hen negatief beoordelen. Ze denken dus sneller en vaker dan anderen dat ze dom, raar, zwak, minder, vervelend, irritant, saai, oninteressant of arrogant gevonden worden. Daarnaast weten we ook uit onderzoek dat ze gevoeliger zijn voor deze negatieve evaluatie: ze vinden het erger dan anderen als iemand iets negatiefs over hen denkt. Deze denkpatronen zorgen ervoor dat de sociale angst in stand blijft en niet vanzelf overgaat. Studie laat zien dat het noodzakelijk is om deze beide denkpatronen aan te pakken in behandeling van sociale-angststoornis (zie Voncken & Bögels, 2005). Deze behandeling richt zich specifiek op het veranderen van deze denkpatronen.

Eerst zult u samen met uw therapeut in één of twee sessies uw behandeling voorbereiden. Daarna leert u met een stappenplan systematisch uw denkpatronen goed te onderzoeken en te veranderen. Vervolgens gaat u er actief op uit om in het dagelijks leven deze denkpatronen aan te pakken.
Deze behandeling is ontwikkeld op de RIAGG Maastricht en Universiteit Maastricht door de auteurs van dit boek. Van deze behandeling weten we inmiddels dat ze effectief is (Bögels & Voncken, submitted; Voncken & Bögels, 2005; Voncken & Bögels, 2006).

Veel sterkte en succes gewenst bij het aanpakken van uw sociale-angststoornis!

Marisol Voncken en Susan Bögels

Deel 1
Het voorbereiden van de therapie

De diagnose sociale-angststoornis
Het belang van het maken van thuiswerk
Het maken van uw eigen situaties
Het idee achter de therapie
Het maken van dagboeksituaties

De diagnose sociale-angststoornis

U bent in behandeling gekomen omdat u een sociale-angststoornis heeft (ook wel sociale fobie genoemd). Mensen met een sociale-angststoornis voelen zich zenuwachtig of gespannen in situaties met andere mensen. Sociale angst is een heel normaal gevoel. Meer dan 90% van de mensen voelt zich wel eens ongemakkelijk of zenuwachtig als er anderen bij zijn. Gewone sociale angst wordt pas een sociale-angststoornis als deze angst het normale leven gaat beheersen. Iemand kan bijvoorbeeld zo zenuwachtig of gespannen zijn dat gewone, dagelijkse dingen lastig worden, zoals zaken met instanties regelen, maar ook een opleiding volgen of werken en het aangaan of onderhouden van vriendschappen en relaties.

Een sociale-angststoornis komt veel voor. In Nederland is ongeveer 8% van de bevolking (dus bijna 1 op de 10 mensen) gedurende een periode in zijn of haar leven zo angstig of gespannen in sociale situaties dat het zijn of haar leven gaat beheersen. Meestal zijn mensen met sociale-angststoornis al van kinds af aan gespannen in sociale situaties, maar bij sommige mensen ontstaat het pas later in hun leven.

Mensen met een sociale-angststoornis kunnen zich gespannen voelen in sociale situaties die bijna iedereen moeilijk vindt, zoals een presentatie geven, maar ze kunnen zich ook in meer alledaagse sociale situaties gespannen voelen. Voorbeelden daarvan zijn het afrekenen bij de kassa, een gesprekje voeren met iemand die u nog niet zo goed kent, praten over persoonlijke dingen met vrienden, meepraten in een groep, over straat lopen, aan een collega iets vragen wat u niet weet, bellen met instanties, blozen, trillen, zweten of stotteren als u met anderen praat, eten terwijl anderen u kunnen zien, in het middelpunt van de aandacht staan en nog tal van andere situaties. Sommige mensen met een sociale-angststoornis vinden enkele situaties moeilijk, anderen voelen zich angstig of gespannen in bijna alle situaties met andere mensen. Mensen met een sociale-angststoornis zijn vaak geneigd om sociale situaties uit de weg te gaan of om zich wat terughoudend of verlegen te gedragen in sociale situaties. Maar anderen reageren door juist heel druk of 'lollig' te doen en voeren uit angst juist de boventoon in gesprekken.

De kern van sociale-angststoornis is de angst dat anderen iets negatiefs over hen denken. Mensen met sociale-angststoornis zijn bang dat anderen hen bijvoorbeeld dom, raar, zwak, minder, saai, oninteressant of arrogant vinden. Ze krijgen vaak van vrienden en familie te horen dat ze zich niet zo druk moeten maken over wat anderen van hen vinden of ze proberen hen gerust te stellen dat anderen helemaal niet zo negatief over hen denken. Meestal helpt het niet als iemand anders hen zo gerust wil stellen en voelen ze zich daar eigenlijk alleen nog minder door begrepen. Sociale-angststoornis is daarom ook een stoornis die niet zomaar vanzelf overgaat en behandeling is daarom in de meeste gevallen nodig.
Uit onderzoek weten we dat cognitieve-gedragstherapie het beste werkt voor mensen met sociale-angststoornis. Voor u ligt een therapieprogramma waarvan de effectiviteit bewezen is. Deze therapie richt zich op de kern van sociale angst: de angst dat anderen iets negatiefs over u kunnen denken.

Deze therapie is bedoeld om anders te leren denken in sociale situaties, zodat u zich minder angstig gaat voelen en minder ongemakkelijk gaat gedragen. In deze therapie zullen we aan de hand van een stappenplan (zie deel 2 voor een overzicht) gaan kijken hoe u sociale situaties interpreteert en hoe u die anders zou kunnen interpreteren. Dit doet u met behulp van een aantal *eigen situaties*: situaties die u speciaal moeilijk vindt en die u samen met uw therapeut formuleert. Daarnaast gebruikt u situaties die u tegenkomt in de weken tijdens de therapie: de *dagboeksituaties*. Met al deze situaties gaat u verschillende thuiswerkopdrachten maken.

Het belang van het maken van thuiswerk

De klachten waarvoor u komt zijn niet van de ene op de andere dag te veranderen. In deze therapie zullen we werken aan het veranderen van deze, vaak lang bestaande, denkpatronen. Deze patronen zijn vaak een gewoonte geworden. We kunnen alleen maar verwachten dat deze gewoontes veranderd kunnen worden als we ons inspannen en tijd stoppen om nieuwe vaardigheden onder de knie te krijgen.

Bij deze therapie gaan we er daarom vanuit dat u bereid bent om thuis aan de therapie te werken. Met dit thuiswerk bent u zolang als de therapie duurt een uur per dag bezig, ongeveer zes dagen per week. Deze thuiswerkopdrachten vormen het belangrijkste onderdeel van de therapie.
U kunt de therapie zien als een cursus. Een cursus slaagt alleen als u er thuis ook aan werkt, anders leert u tijdens een cursus weinig. In een cursus kunt u ook niet verder met de volgende cursusbijeenkomst als u niet de stof bestudeerd heeft. Zo werkt het ook in deze therapie. Het is dus belangrijk dat u dagelijks voldoende tijd reserveert om uw thuiswerk te maken.

We beseffen dat het vaak moeilijk is die hoeveelheid tijd vrij te maken voor iets nieuws in de drukke levens die veel mensen leiden. Het is echter een essentieel onderdeel van deze therapie om deze tijd ervoor vrij te maken. Als u zich op deze manier niet kunt inzetten voor deze behandeling, is het beter hier niet mee te starten en dit met uw therapeut te bespreken.

Het maken van uw 'eigen situaties'

Vandaag begint u samen met uw therapeut met het maken van uw *eigen situaties*, waarin in de therapie voornamelijk gewerkt gaat worden. Samen met uw therapeut gaat u een lijst opstellen van sociale situaties die voor u moeilijk zijn. Vervolgens gaat u samen kijken welke interpretaties u in die situaties heeft.

De interpretaties waar uw therapeut bij u naar op zoek gaat, zijn interpretaties over hoe u denkt dat anderen over u denken. We weten namelijk dat dit soort interpretaties de bron zijn van sociale angst. Dit zijn interpretaties, zoals de ander vindt mij dom, raar, zwak, minder, saai, oninteressant, arrogant en nog vele andere.

Thuiswerk

- In bijlage 2 (achter in dit werkboek voor de cliënt) vindt u het formulier waarop u uw *eigen situaties* kunt invullen.
- Vul vervolgens uw *eigen situaties* (situatie en spontane interpretatie) ook in op de formulieren over uw *eigen* situaties (zie bijlagen 3 t/m 7 achter in dit werkboek voor de cliënt).

Het idee achter de therapie ('Rationale')

U bent behandeling gaan zoeken omdat u last heeft van spanning of angstgevoelens in bepaalde sociale situaties. U voelt zich gespannen en onzeker in situaties waarbij andere mensen betrokken zijn. Centraal in uw probleem staat waarschijnlijk dat u bang bent om negatief beoordeeld te worden door anderen, vanwege uw gedrag, uw gespannenheid of uw voorkomen. Hoe komt het nu dat u zich onzeker en angstig voelt in dergelijke situaties?

> **Voorbeeldsituatie**
> Stelt u zich voor dat u 's nachts wakker wordt van een hard, brekend geluid. Deze situatie kunt u op verschillende manieren interpreteren. U kunt bijvoorbeeld denken: 'Dat is een inbreker' of 'Het is de kat die wat omstoot' of 'De buren maken lawaai'. Dit zijn een paar voorbeelden van verschillende interpretaties die iemand in deze situatie kan hebben (zie tabel 1).
> Elke interpretatie heeft invloed op hoe u zich voelt en hoe u zich gaat gedragen. Als u, wanneer u wakker wordt van een hard, brekend geluid, onmiddellijk denkt dat er een inbreker in huis is, zult u zich gespannen en bang voelen en de politie bellen. Als u echter denkt dat de kat wat heeft omgestoten, zult u wellicht een beetje irritatie voelen en zich daarna omdraaien en verder slapen. Zou u nou denken dat de buren lawaai maken, dan voelt u zich misschien boos en gaat u wellicht klagen bij de buren.

Tabel 1

Mogelijke interpretaties	gevoel	gedrag
1. Dat is een inbreker	bang	telefoon pakken en de politie bellen
2. Het is de kat die wat omstoot	irritatie	omdraaien en gaan slapen
3. De buren maken lawaai	boos	klagen bij de buren

U kunt in dit voorbeeld zien dat hoe u in één en dezelfde situatie denkt (interpreteert), bepaalt hoe u zich gaat voelen en hoe u zich gaat gedragen. Mensen die last hebben van sociale angst zijn geneigd om spontaan sociale situaties negatief te interpreteren. Daardoor gaan ze zich angstig voelen en zich ongemakkelijk gedragen.
Uw gedachten beïnvloeden dus hoe u zich gaat voelen en hoe u zich gaat gedragen. In de loop van de tijd kan het een gewoonte zijn geworden om negatief te denken in sociale situaties. 'Spontaan' kiest u de meest negatieve interpretatie zonder dat u zich dat nog realiseert. Om uw denkpatroon te kunnen veranderen is het allereerst noodzakelijk om u bewust te worden van uw spontane interpretaties en de effecten daarvan op uw gevoel en gedrag. Daarom is het belangrijk om hier elke dag bij stil te staan met behulp van dagboeken. In het volgende hoofdstuk wordt uitgelegd hoe u dagboeken kunt maken.

Thuiswerk over het idee achter de therapie

– Lees de tekst in 'Het idee achter de therapie' goed door. Tijdens de volgende sessie bekijkt u samen met uw therapeut of u het idee achter de therapie begrepen heeft.

Het maken van dagboeksituaties

Zoals gezegd zijn naast de *eigen situaties* de *dagboeksituaties* een belangrijk onderdeel van deze therapie. Het doel van de therapie is om uw denkpatroon te gaan veranderen. Om dat te kunnen bewerkstelligen is het belangrijk dat u zich eerst bewust wordt van uw eigen denkpatroon. Spontane interpretaties komen namelijk zo snel dat men zich daar vaak niet bewust van is. Maar om ze te kunnen veranderen is het nodig om u bewust te worden van deze spontane interpretaties. Daarom is het noodzakelijk om elke keer dat u in een sociale situatie bent waarin u zich gespannen of angstig voelt, op te schrijven wat uw spontane interpretatie was. Het eenvoudigste is om dat zo snel mogelijk na zo'n situatie te doen; anders bent u namelijk al snel vergeten wat uw sponante interpretatie precies was. U kunt ook één of twee momenten op de dag plannen waarop u even gaat zitten om te bedenken of u zich in de uren daarvoor zenuwachtig of gespannen heeft gevoeld. Wat uw bevindingen zijn schrijft u dan op in uw '*dagboeksituaties*'. Maak per week minstens vijf dagboeken.

Onderdelen van het dagboek

Schrijf precies de situatie op: waar was u, met wie, wat gebeurde er?

Maak stap 1: Wat is uw spontane interpretatie?

Zoek naar de interpretatie die u had tijdens de situatie waardoor u zich zo zenuwachtig of gespannen ging voelen: welk negatief oordeel dacht u dat de ander over u velde? Schat vervolgens de kans dat uw spontane interpretatie werkelijk waar zou zijn op een schaal van 0% tot 100%. Schat hoe erg u het zou vinden als deze interpretatie werkelijk waar zou zijn op een schaal van 0 tot 100 (0 is helemaal niet erg, 100 is heel erg).

Maak stap 2: Welk effect heeft uw interpretatie op uw gevoel en gedrag?

Evalueer uw interpretatie: Hoe ging u zich erdoor voelen? Geef op een schaal van 0-100 (0 helemaal niet, 100 heel erg) aan hoe intens dit gevoel was. Vul daarna in wat uw lichamelijke reactie was: blozen, transpireren, trillen, verhoogde hartslag, iets anders? Schrijf op hoe u zich gedroeg. Beschrijf als laatste hoe de ander(en) reageerde(n) en hoe het afliep.

Thuiswerkdagboeken

- Maak elke week minstens vijf dagboeken (om te kopiëren zie bijlage 1 achter in dit werkboek) en vul elke keer stap 1 en 2 in.

Deel 2
Het stappenplan

In dit deel leert u in acht stappen uw denkpatroon in sociale situaties aan te pakken. U vindt hier uitleg en de bijbehorende oefeningen van de acht stappen om uw denkpatroon te veranderen. U leert de technieken van uw therapeut, vervolgens oefent u deze op uw eigen situaties en daarna past u wat u geleerd heeft toe op uw dagboeksituaties. Dit deel eindigt met een evaluatie om te kijken hoe ver u gevorderd bent met het aanpakken van uw sociale angst.
Over het algemeen neemt dit deel van de therapie zes sessies in beslag. U kunt met uw therapeut overleggen om hier meer sessies de tijd voor te nemen of om de therapie in te korten en hier minder sessies voor te gebruiken.

Stap 1 Wat is uw spontane interpretatie?
Neem een situatie die u moeilijk vindt. Bekijk welke interpretatie u angstig of gespannen maakt: hoe denkt u dat anderen over u denken in deze situatie?

Stap 2 Welk effect heeft uw interpretatie op uw gevoel en gedrag?
Evalueer wat de invloed van uw interpretatie is op uw gevoel en gedrag.

Stap 3 Maak een interpretatie-brainstorm
Bedenk zelf zo veel mogelijk verschillende interpretaties van de situatie. Hoe zouden anderen, behalve negatief, nog meer tegen u aan kunnen kijken? Bekijk bij elke interpretatie welk gevoel die zou oproepen en hoe u zich dan zou gedragen.

Stap 4 Verzamel andere interpretaties bij anderen
Verzamel zo veel mogelijk interpretaties van de situatie bij anderen.

Stap 5 Evalueer de kans dat uw spontane interpretatie waar is
Bekijk met het 'taartdiagram' of de kans dat uw spontane interpretatie waar is, niet overdreven is: hoe groot is de kans eigenlijk dat anderen iets negatiefs over u denken?

Stap 6 Evalueer de ernst van uw spontane interpretatie
Bekijk met de 'ernstschaal' of uw ernstschattingen niet overdreven zijn. Hoe erg is het eigenlijk als anderen iets negatiefs over u denken?

Stap 7 Bedenk: Wat kan ik doen als ...?
Bedenk wat u zou kunnen doen als anderen werkelijk iets negatiefs over u zouden denken. Wat zou u dan nog kunnen doen?

Stap 8 Maak een nieuwe genuanceerde interpretatie
Bedenk met behulp van wat u geleerd heeft in stap 1 t/m 7 hoe u op een realistischere, meer genuanceerde manier naar de situatie kunt kijken.

1 Wat is uw spontane interpretatie?

Bij mensen met sociale angst is het vaak zo dat zij het idee hebben dat een ander iets negatiefs over hen denkt, bijvoorbeeld doordat de ander kan zien dat ze gespannen zijn of dat ze zich gedragen op een manier die de ander gek of raar vindt. Daarom is het bij het vinden van uw spontane interpretatie belangrijk om stil te staan bij wat u denkt dat de ander over u denkt of van u vindt vanwege uw gedrag of mogelijk zichtbare angstsymptomen (bijv. blozen, zweten, trillen, stotteren). Voorbeelden van dit soort interpretaties zijn: de ander vindt mij dom, raar, zwak, minder, saai, oninteressant of arrogant.

Het is niet altijd gemakkelijk om uw spontane interpretatie te vinden. Er gaat immers zoveel door uw hoofd in sociale situaties. Het is daarom best lastig om spontane interpretaties over het negatieve oordeel van anderen over u te onderscheiden van uw gevoelens en uw gedrag.
Verder schamen mensen met sociale angst zich wel eens voor hun interpretaties. Ze vinden bijvoorbeeld dat het niet hoort om zulke negatieve gedachten te hebben over anderen. Of ze weten rationeel wel dat anderen niet zo negatief over hun denken. Als dat bij u het geval is, is het belangrijk om u vooral te richten op hoe u het op dat zenuwachtige, gespannen moment ervaart, ondanks dat u vindt dat dat niet mag of ergens wel weet dat het niet klopt.

Om uw spontane interpretatie te vinden kunt u zichzelf volgende vragen stellen:
- Wat denkt u, nu spontaan, dat de ander over u zal vinden (de anderen over u zullen vinden)?
- Wat denkt u, nu spontaan, dat de ander over u zal denken (de anderen over u zullen denken)?
- Welke invloed denkt u, nu spontaan, heeft de situatie op de relatie tussen u en de ander(en)?

Spontane interpretaties zijn niet:
- wat u voelt (zenuwen, spanning, blozen, zweten, trillen, blokkeren);
- de neiging die u voelt om zich op een bepaalde manier te gedragen;
- wat u vindt dat u in deze situatie hoort te denken;
- een vraag die u zichzelf stelt.

> **Voorbeeld**
> Ik vraag iets aan een winkelbediende en ik merk dat ik stotter.
> *Interpretatie:*
> Niet: 'Ik word bang', 'Ik loop snel door', 'Ik zou niet bang moeten zijn', 'Waarom stotter ik nou?' Deze interpretaties laten zien dat u zenuwachtig bent, maar laten niet zien waar u precies bang voor bent.
> Maar: 'Deze persoon vindt me een zwakkeling' of 'Deze persoon vindt mij raar'

of 'Deze persoon wil mij niet helpen'. Deze interpretaties laten zien waar u bang voor bent: namelijk dat de ander iets naars over u denkt. Deze interpretaties zorgen ervoor dat u zich angstig gaat voelen.

2 Welk effect heeft uw interpretatie op uw gevoel en gedrag?

Nu u meer zicht heeft op welke spontane interpretatie u in een situatie heeft, gaat u in deze stap kijken welk effect uw interpretatie heeft op uw gevoel en gedrag.

Gevoel

Gevoelens kunt u kortweg onderscheiden in de vier b's:
1 Bang;
2 Boos;
3 Blij;
4 Bedroefd.

U heeft natuurlijk meer gevoelens dan deze vier. Andere gevoelens zijn een variatie op of een mengvorm van deze vier gevoelens, zoals (ik voel me...): geïrriteerd, neerslachtig, paniekerig, angstig, gelukkig, uitgelaten, aangeslagen, gelaten, ... en nog veel meer. Gevoelens gaan vaak ook samen met een lichamelijke reactie zoals blozen, zweten, trillen, stotteren, blokkeren of een black-out krijgen. Bekijk daarom ook welk effect uw interpretatie heeft op uw lichaam.

Gedrag

Gedragingen zijn handelingen die u doet en waar u controle over heeft, zoals lopen, fietsen, wegrennen, blijven staan, luisteren, een complimentje maken, schelden en nog veel meer. Mensen met sociale angst zijn geneigd om sociale situaties te vermijden. Dat kan ook op een heel subtiele manier door bijvoorbeeld oogcontact te vermijden, net iets buiten het groepje te gaan staan of door geen vragen te stellen in een gesprek. Het is moeilijk voor u om deze neiging te onderdrukken. Daarom kan het voelen alsof u geen controle heeft over dit gedrag. Toch is het zo dat u, hoe moeilijk u het ook vindt, de keuze heeft om het gesprek met die baas, vage bekende of collega wél aan te gaan. Uw vermijding, hoe subtiel ook, is daarom ook gedrag. Verwar verder angstsymptomen (of gespannenheid) ook niet met gedragingen. Over angstsymptomen of gespannenheid heeft u namelijk geen controle. Het is net als uw hartslag of uw darmen: deze doen hun werk zonder dat u er iets voor hoeft te doen. U heeft dus ook geen controle over blozen, zweten, trillen, stotteren, blokkeren of een black-out krijgen. Dit is daarom evenmin gedrag. Over gedrag heeft u namelijk wel controle, hoewel dat niet altijd zo hoeft te voelen.

> **Voorbeeld**
> Ik vraag iets aan een winkelbediende en ik merk dat ik stotter.
> *Spontane interpretatie:* Deze persoon vindt mij een zwakkeling.
> *Gevoel:* Zenuwachtig. Lichamelijke reactie: blozen en zweten.
> *Gedrag:* Mijn zin niet afmaken, naar beneden kijken en snel doorlopen.

Thuiswerk stap 1 en 2

- Lees de situaties uit tabel 2 door en schrijf op wat uw *spontane interpretaties* zijn. Bekijk ook wat het effect van deze interpretatie is op uw gevoel en gedrag.
- Vul bij de formulieren over uw *eigen* situaties in wat de effecten van uw spontane interpretaties zij op uw gevoel en gedrag (zie bijlagen 3 t/m 7 achter in dit werkboek).

Tabel 2 Noteer uw spontane interpretaties.

1. U loopt door het bos en hoort geritsel in de struiken.

| Spontane interpretatie: | Gevoel: | Gedrag: |

2. De baas op uw werk stuurt het stuk dat u heeft geschreven terug met de opmerking 'herschrijven'.

| Spontane interpretatie: | Gevoel: | Gedrag: |

3. Uw partner zou om 20.00 uur thuis zijn. Het is nu 21.00 uur en hij/zij is er nog niet en u heeft niets vernomen.

| Spontane interpretatie: | Gevoel: | Gedrag: |

4. U rijdt in uw auto en hoort een geluid dat u niet herkent.

| Spontane interpretatie: | Gevoel: | Gedrag: |

5. U loopt over straat en ziet iemand die u kent. Deze persoon zegt u geen gedag.

| Spontane interpretatie: | Gevoel: | Gedrag: |

6. U zit in de lift en halverwege een verdieping komt deze tot stilstand.

| Spontane interpretatie: | Gevoel: | Gedrag: |

7. U heeft vrienden uitgenodigd om te komen eten om 19.00 uur. Het is 19.30 uur en ze zijn er nog niet.

| Spontane interpretatie: | Gevoel: | Gedrag: |

8. U loopt langs een groep jongeren. Wanneer u ze passeert beginnen ze te lachen.

| Spontane interpretatie: | Gevoel: | Gedrag: |

9. U loopt 's avonds laat over straat en hoort snelle voetstappen achter u.

| Spontane interpretatie: | Gevoel: | Gedrag: |

10. U heeft een vriend(in) lang niet gesproken. Dan belt hij/zij op en zegt dat hij/zij boos is dat u zolang niets van u heeft laten horen.

| Spontane interpretatie: | Gevoel: | Gedrag: |

3 Maak een interpretatie-brainstorm

U bent geneigd om in sociale situaties die u moeilijk vindt, spontaan te denken dat anderen u negatief beoordelen. Hierdoor gaat u zich angstig en gespannen voelen en zich ongemakkelijk gedragen. Deze manier van interpreteren is een gewoonte geworden. Het doel van deze therapie is dat u zich van deze manier van interpreteren bewust wordt en leert om deze situaties op een andere, minder negatieve manier te interpreteren.

Om uit uw spontane denkpatroon te stappen kunt u de interpretatie-brainstorm gebruiken. De bedoeling daarvan is om bij een situatie zo veel mogelijk verschillende interpretaties te bedenken. Probeer zo gevarieerd mogelijke interpretaties te verzinnen. Het helpt vaak om uw eigen spontane interpretatie even helemaal los te laten en te vergeten: alsof u van een afstandje naar de situatie kijkt. Laat uzelf zo vrij mogelijk allerlei interpretaties opschrijven; alles mag en geen enkele interpretatie kan fout zijn.

Omdat mensen die last hebben van sociale angst zich vaak druk maken over wat anderen van hen denken, is het zinvol om elke interpretatie te beginnen met 'deze persoon denkt over mij ...' of 'deze personen vinden mij ...'.

Lijst met vragen voor de interpretatie-brainstorm

De volgende lijst met vragen kan u helpen om zo veel mogelijk verschillende interpretaties te verzinnen. U kunt deze vragen bij elke situatie stellen.

1 Leeft u zich in de volgende mensen in. Hoe zouden zij de situatie interpreteren? Hoe zouden zij denken dat anderen naar hen kijken in deze situatie?
   - een vriend of vriendin;
   - iemand die heel zelfverzekerd is;
   - iemand die u helemaal niet aardig vindt;
   - bekende mensen zoals de premier, de koningin, de president van Amerika, Nelson Mandela, Bin Laden, Mohammed Ali, Moeder Teresa, Superman.
2 Bedenk een interpretatie waarbij u zich blij zou voelen.
3 Bedenk een interpretatie waarbij u zich rustig zou voelen.
4 Verzin een extreem positieve interpretatie.

Invloed van de interpretatie op uw gevoel en gedrag

Schrijf bij elke interpretatie ook op hoe u zich zou voelen en hoe u zich zou gedragen, als u de situatie op die manier zou interpreteren. Probeert u zich volledig in te leven in de interpretatie. Hoe zou u zich voelen of gedragen als u deze interpretatie 100% zou geloven? Zijn er interpretaties bij die u zich anders kunnen laten voelen en anders kunnen laten gedragen?

Thuiswerk

Het thuiswerk voor deze stap is in twee fases opgebouwd. U gaat eerst oefenen met het maken van brainstormen bij een aantal standaardsituaties (waarmee u ook heeft geoefend in stap 1 en 2: het vinden en het evalueren van uw spontane interpretatie). Als u dit onder de knie heeft, gaat u verder oefenen met het maken van brainstormen bij uw *eigen situaties*. U zult merken dat het maken van brainstormen bij uw *eigen situaties* moeilijker is dan bij de standaardsituaties. Hierna volgt daarom nog een aantal tips voor het brainstormen met uw *eigen situaties*.

Stap 3a: Standaardsituaties

– Maak de brainstormen over de standaardsituaties af als thuiswerk (zie tabel 5 t/m 14 in dit hoofdstuk).

Stap 3b: 'Eigen situaties'

– Maak de brainstormen voor uw *eigen situaties* af. Vul dit in op de formulieren over uw *eigen* situaties (zie bijlagen 3 t/m 7 achter in dit werkboek voor de cliënt).
– Vul bij de vijf dagboeken (om te kopiëren zie bijlage 1 achter in dit werkboek) die u per week maakt, na stap 1 en 2 ook stap 3 de 'interpretatie-brainstorm' in.

Tips voor brainstormen met uw 'eigen situaties'

U zult merken dat het vrij moeilijk is om te brainstormen bij uw *eigen situaties*. Hoe dichter de situatie bij uw angst ligt, des te moeilijker is het om alternatieven te bedenken. Dus des te belangrijker het is om dat te oefenen.

Verder kunt u in spraakverwarring komen bij deze techniek. Het gaat erom dat u gaat bedenken hoe anderen denken als iemand een van uw *eigen situaties* zou meemaken, bijvoorbeeld: 'De koningin voert een gesprek met iemand die ze niet zo goed kent en er valt een stilte van vijf seconden. Wat zullen anderen dan over haar kunnen denken?' Maar ook 'Een zelfverzekerde persoon is in gesprek met iemand en er valt een stilte van vijf seconden. Wat zou deze zelfverzekerde persoon denken?' Let op dat de interpretaties in uw brainstorm allemaal moeten beginnen met 'de ander zal denken of de anderen zullen denken …'.

U zult merken dat u heel goed bent in het verzinnen van variaties op uw eigen spontane negatieve interpretatie. Bijvoorbeeld naast uw spontane interpretatie 'de ander vindt mij raar', verzint u ook: 'de ander vindt mij vreemd', 'de ander lacht me uit', 'de ander vindt me dom', 'de ander vindt mij belachelijk'. Kijk eens of in uw brainstormen dit ook voorkomt. Eigenlijk zijn dit geen nieuwe interpretaties voor de brainstorm, maar zijn het variaties op uw spontane interpretatie. Deze andere negatieve interpretaties zullen u niet gaan helpen om u minder angstig te gaan voelen. Probeer daarom echt andere typen interpretaties te bedenken, interpretaties waarvan u zich niet angstig of verdrietig gaat voelen, maar juist meer neutraal of zelfs positief of blij.

STAP 3 MAAK EEN INTERPRETATIE-BRAINSTORM 31

Tabel 3 Interpretatie-brainstorm voorbeeld 1.
Situatie: **Ik ben met iemand aan het praten en er valt een stilte van vijf seconden.**
Spontane Interpretatie: **Deze persoon vindt mij dom omdat er een stilte valt.**

	Interpretaties	Gevoel	Gedrag
1.	Deze persoon vindt mij een rustig iemand omdat ik een stilte laat vallen.	rustig	vaker stilte laten vallen
2.	Deze persoon denkt dat ik aan het nadenken ben over wat ik wil zeggen.	rustig	langere stilte laten vallen
3.	Deze persoon denkt dat ik aan het nadenken ben over wat hij/zij gezegd heeft.	rustig	langere stilte laten vallen
4.	Deze persoon denkt zelf dat hij/zij saai is, omdat er een stilte valt.	bedroefd	gewoon doorpraten
5.	Deze persoon denkt er niets van.	rustig	gewoon doorpraten
6.	Deze persoon vindt het normaal dat er zo nu en dan een stilte valt in een gesprek.	rustig	vaker stilte laten vallen
7.	Deze persoon vindt het fijn dat er een stilte valt, zodat hij/zij ook even kan nadenken over wat te zeggen.	rustig	vaker stilte laten vallen
8.	Deze persoon vindt het geweldig dat hij/zij iemand ontmoet die niet de hele tijd aan het praten is.	blij	vaker stilte laten vallen
9.	Deze persoon is totaal niet geïnteresseerd in wat ik zeg en hoopt dat het gesprek nu eindelijk voorbij is.	bang	heel snel doorpraten
10.	Deze persoon denkt dat ik aan het nadenken ben en vindt het niet netjes om daar doorheen te praten.	rustig	gewoon doorpraten

Tabel 4 Interpretatie-brainstorm voorbeeld 2.
Situatie: **Ik vraag iets aan een winkelbediende en ik merk dat ik stotter.**
Spontane Interpretatie: **Deze persoon vindt mij een zwakkeling.**

	Interpretaties	Gevoel	Gedrag
1.	Deze persoon denkt dat ik een aangeboren spraakprobleem heb.	rustig	doorpraten
2.	Deze persoon denkt 'dat heb ik ook wel eens'.	blij	doorpraten
3.	Deze persoon wil me helpen om uit mijn woorden te komen.	rustig	doorpraten
4.	Deze persoon merkt het niet dat ik stotter.	rustig	doorpraten
5.	Deze persoon denkt dat ik goed mijn best doe om uit mijn woorden te komen.	rustig	doorpraten
6.	Deze persoon denkt 'dat is menselijk'.	rustig	doorpraten
7.	Deze persoon probeert extra zijn best te doen mij te begrijpen.	rustig	doorpraten
8.	Deze persoon vindt het normaal dat iemand wel eens niet zo goed uit zijn woorden komt.	rustig	doorpraten
9.	Deze persoon vindt het fantastisch dat hij/zij eindelijk iemand ontmoet die ook stottert.	blij	erover vertellen dat ik wel eens stotter
10.	Deze persoon hoort zo vaak mensen stotteren, dat het hem niet opvalt.	rustig	doorpraten

Tabel 5 Interpretatie-brainstorm standaardsituatie 1.
U loopt door het bos en hoort geritsel in de struiken.

Interpretaties	Gevoel	Gedrag
1.		
2.		
3.		
4.		
5.		
6.		
7.		
8.		
9.		
10.		

Tabel 6	Interpretatie-brainstorm standaardsituatie 2. De baas op uw werk stuurt het stuk dat u heeft geschreven terug met de opmerking 'herschrijven'.		
	Interpretaties	Gevoel	Gedrag
1.			
2.			
3.			
4.			
5.			
6.			
7.			
8.			
9.			
10.			

Tabel 7 Interpretatie-brainstorm standaardsituatie 3.
Uw partner zou om 20.00 uur thuis zijn. Het is nu 21.00 uur en hij/zij is er nog niet en u heeft niets vernomen.

	Interpretaties	Gevoel	Gedrag
1.			
2.			
3.			
4.			
5.			
6.			
7.			
8.			
9.			
10.			

Tabel 8 Interpretatie-brainstorm standaardsituatie 4. U rijdt in uw auto en hoort een geluid dat u niet herkent.		
Interpretaties	Gevoel	Gedrag
1.		
2.		
3.		
4.		
5.		
6.		
7.		
8.		
9.		
10.		

Tabel 9	Interpretatie-brainstorm standaardsituatie 5. U loopt over straat en ziet iemand die u kent. Deze persoon zegt u geen gedag.		
	Interpretaties	Gevoel	Gedrag
1.			
2.			
3.			
4.			
5.			
6.			
7.			
8.			
9.			
10.			

Tabel 10	Interpretatie-brainstorm standaardsituatie 6. U zit in de lift en halverwege een verdieping komt deze tot stilstand.		
	Interpretaties	Gevoel	Gedrag
1.			
2.			
3.			
4.			
5.			
6.			
7.			
8.			
9.			
10.			

Tabel 11 Interpretatie-brainstorm standaardsituatie 7.
U heeft vrienden uitgenodigd om te komen eten om 19.00 uur. Het is 19.30 uur en ze zijn er nog niet.

	Interpretaties	Gevoel	Gedrag
1.			
2.			
3.			
4.			
5.			
6.			
7.			
8.			
9.			
10.			

Tabel 12 Interpretatie-brainstorm standaardsituatie 8.
U loopt langs een groep jongeren. Wanneer u ze passeert beginnen ze te lachen.

Interpretaties	Gevoel	Gedrag
1.		
2.		
3.		
4.		
5.		
6.		
7.		
8.		
9.		
10.		

Tabel 13 Interpretatie-brainstorm standaardsituatie 9.
U loopt 's avonds laat over straat en hoort snelle voetstappen achter u.

Interpretaties	Gevoel	Gedrag
1.		
2.		
3.		
4.		
5.		
6.		
7.		
8.		
9.		
10.		

Tabel 14 Interpretatie-brainstorm standaardsituatie 10.
U heeft een vriend(in) lang niet gesproken. Dan belt hij/zij op en zegt dat hij/zij boos is dat u zolang niets van u heeft laten horen.

Interpretaties	Gevoel	Gedrag
1.		
2.		
3.		
4.		
5.		
6.		
7.		
8.		
9.		
10.		

4 Verzamel andere interpretaties bij anderen

U heeft nu zelf geprobeerd om andere interpretaties te verzinnen, bijvoorbeeld door u in te leven in andere mensen. Het is echter ook heel leerzaam om eens te kijken hoe andere mensen deze situaties nu werkelijk interpreteren. Leg de verschillende situaties daarom voor aan andere mensen. Laat hen hun eigen interpretaties bij de situaties opschrijven. Probeer hiervoor zo veel mogelijk verschillende mensen te vragen. Kopieer daarvoor de vragenlijst (tabel 15) die verderop in dit hoofdstuk staat afgedrukt.
Bekijk voor het begin van de volgende sessie hoe de vragenlijsten zijn ingevuld. Wat valt u op? Met welke interpretaties komen anderen? Zijn er interpretaties bij die u zelf nog niet bedacht had?

Inmiddels heeft u geleerd hoe u uw spontane interpretatie kunt vinden en hoe u die duidelijk kunt opschrijven. Voor andere mensen is het vaak moeilijk om hun spontane interpretatie precies en duidelijk op te schrijven. U zult soms merken dat anderen vaak kort en niet zo duidelijk zijn in hun interpretaties.
Sommigen zullen bijvoorbeeld opschrijven 'gewoon' of 'vind ik niet erg'. Als het u niet duidelijk is wat die persoon bedoeld, vraag dan door. Vraag de persoon die de vragenlijst invult wat hij/zij bedoelt met zijn/haar tekst. Als u dit te moeilijk vindt, probeer dan zelf te bedenken hoe die persoon waarschijnlijk de situatie geïnterpreteerd heeft.

Thuiswerk

Het thuiswerk voor deze stap is net als in stap 3 in twee fases opgebouwd. U gaat eerst vragenlijsten uitdelen over de standaardsituaties. Daarna deelt u vragenlijsten uit over uw *eigen situaties*. Het kan zijn dat u het erg spannend vindt om deze vragenlijsten voor te leggen aan mensen die u kent. Bespreek samen met uw therapeut hoe u dit het beste kan aanpakken.

Stap 4a: Standaardsituaties

Kopieer de vragenlijst (tabel 15) die in dit hoofdstuk staat afgedrukt. Deel deze vragenlijst uit aan minstens vijf andere mensen.
Bekijk voor het begin van de volgende sessie hoe de vragenlijsten zijn ingevuld. Wat valt u op? Met welke interpretaties komen anderen? Zijn er interpretaties bij die u zelf nog niet bedacht had?

Stap 4b: 'Eigen situaties'

Vul uw *eigen situaties* in op de vragenlijst aan het einde van dit hoofdstuk. Kopieer deze vragenlijst en leg de vragenlijst voor aan minstens 5 anderen. Bekijk voor de volgende sessie hoe de vragenlijsten zijn ingevuld. Vul dit in op de formulieren over uw *eigen situaties* (zie bijlagen 3 t/m 7 achter in dit werkboek). Wat valt u op? Met welke interpretaties komen anderen? Zijn er interpretaties bij die u zelf nog niet bedacht had?

Vragenlijst

Instructie

In de vragenlijst (tabel 15) staan beschrijvingen van verschillende situaties. Lees elke situatie goed door en beantwoord daarna de vragen die eronder staan. U kunt uw antwoord in de ruimte onder de vraag schrijven. Denk niet te lang na en schrijf het eerste op wat er in u opkomt. Er zijn geen goede of foute antwoorden, maar vult u geen 'ik weet het niet' in.

Tabel 15 Vragenlijst.

1. U loopt door het bos en hoort geritsel in de struiken.

Wat hoort u ritselen?

2. De baas op uw werk stuurt het stuk dat u heeft geschreven terug met de opmerking 'herschrijven'.

Waarom moet u het stuk herschrijven?

3. Uw partner zou om 20.00 uur thuis zijn. Het is nu 21.00 uur en hij/zij is er nog niet en u heeft niets vernomen.

Waarom is uw partner nog niet thuis?

4. U rijdt in uw auto en hoort een geluid dat u niet herkent.

Wat is dit voor een geluid?

5. U loopt over straat en ziet iemand die u kent. Deze persoon zegt u geen gedag.

Waarom zegt deze persoon geen gedag?

6. U zit in de lift en halverwege een verdieping komt deze tot stilstand.

Waarom staat de lift stil?

7. U heeft vrienden uitgenodigd om te komen eten om 19.00 uur. Het is 19.30 uur en ze zijn er nog niet.

Waarom zijn deze vrienden er nog niet?

8. U loopt langs een groep jongeren. Wanneer u ze passeert beginnen ze te lachen.

Waarom beginnen ze te lachen?

9. U loopt 's avonds laat over straat en hoort snelle voetstappen achter u.

Wat denkt u dat er gaat gebeuren?

10. U heeft een vriend(in) lang niet gesproken. Dan belt hij/zij op en zegt dat hij/zij boos is dat u zolang niets van u heeft laten horen.

Wat betekent dit voor uw vriendschap?

Vragenlijst

Instructie

Hierna staan beschrijvingen van verschillende situaties. Lees elke situatie goed door en geef bij elke situatie uw interpretatie. Een interpretatie verklaart de situatie en laat zien wat u denkt dat er aan de hand is.

Het is niet de bedoeling dat u opschrijft wat u *vindt* dat u zou moeten denken, maar dat u opschrijft wat u daadwerkelijk denkt. Een interpretatie is niet het beschrijven van eigen of andermans gedrag of hoe u zich voelt. Een interpretatie is ook niet een vraag die u zichzelf stelt. Een interpretatie is een gedachte die de situatie verklaart.

> **Voorbeeld**
> Situatie: Ik loop langs een groepje jongeren die lachen.
>
> *Interpretatie:*
> Niet: 'Ik loop snel door', 'Ik raak geïrriteerd', 'Ik zou niet geïrriteerd moeten zijn' of 'Wat zou er aan de hand zijn?'
> Maar: 'Ze lachen me uit', 'Ze kennen me ergens van en lachen me toe', 'Ze lachen om een grap die een van hen heeft gemaakt'. (Deze interpretaties verklaren waarom de jongeren lachen.)

U kunt uw antwoord in de ruimte onder de vraag schrijven. Denk niet te lang na en schrijf het eerste op wat in u opkomt. Er zijn geen goede of foute antwoorden, maar vult u geen 'ik weet het niet' in.

SITUATIE 1:

Hoe interpreteert u deze situatie?

SITUATIE 2:

Hoe interpreteert u deze situatie?

SITUATIE 3:

Hoe interpreteert u deze situatie?

SITUATIE 4:

___
___
___

Hoe interpreteert u deze situatie?

___
___
___
___

SITUATIE 5:

___
___
___

Hoe interpreteert u deze situatie?

___
___
___
___

5 Evalueer de kans dat uw spontane interpretatie waar is

Bij de evaluatie van de kans dat uw spontane interpretatie waar is, gaat u kijken of uw inschatting van de kans dat uw spontane interpretatie werkelijk waar is, misschien overdreven is. Neem een van uw *eigen situaties* (pas het straks ook toe op uw *dagboeksituaties*), waarvan u een interpretatie-brainstorm heeft gemaakt. Maak het taartdiagram op de volgende manier:

1 Neem alle interpretaties die u zelf bedacht en verzameld heeft. Voeg aan de lijst met interpretaties ook de volgende interpretatie toe: 'niet-bedachte interpretaties'. Deze interpretatie staat voor alle interpretaties die u niet bedacht heeft. Al deze interpretaties samen moeten 100% zijn. De taart staat in z'n geheel dus voor 100%.
2 Stelt u zich voor dat u de situatie heel vaak meemaakt en we zouden in totaal honderd vragenlijsten uitdelen aan de mensen die iets over u kunnen denken in die situatie. Op deze vragenlijst vullen de mensen in hoe ze u evalueren. Ze kunnen kiezen uit de interpretaties die u heeft bedacht. Geef elke interpretatie een taartpuntje zo groot als het aantal mensen dat die interpretatie kiest. Zet als laatste ook uw eigen spontane interpretatie in de taart. U mag zoveel gummen en herordenen als u wilt.
3 Als u daarmee klaar bent, vult u de vragen in over hoe u **nu** de kans inschat van uw spontane interpretatie.

Voorbeeld
Situatie: Langs een groepje jongeren lopen die lachen.
Spontane interpretatie: Ze lachen me uit omdat ze me raar vinden.

Wat is de kans dat uw spontane interpretatie werkelijk waar is (0%-100%)?
85%

Interpretatie-brainstorm: Welke interpretaties zijn er in deze situatie nog meer mogelijk?
1   Ze vervelen zich en lachen om alles wat voorbijkomt.
2   Ze lachen om iets wat achter mij gebeurt.
3   Ze lachen omdat ik er leuk uitzie.
4   Ze lachen omdat ik een vlek op mijn jas heb.
5   Eentje heeft net een mop verteld.
6   Ze lachen omdat ze me ergens van (her)kennen.
7   Ze lachen om elkaar.
8   Ze lachen me uit en zullen me in elkaar slaan.
9   Spontane interpretatie: Ze lachen me uit omdat ze me raar vinden.
10 Niet-bedachte interpretaties.

Zet al deze interpretaties in de taart (figuur 1).
Hoe groot acht u **nu** de kans dat uw spontane interpretatie werkelijk waar is?
45%

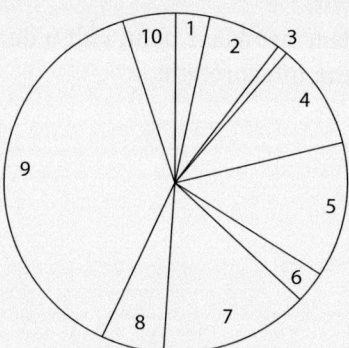

Figuur 1
Taartdiagram.

Thuiswerk

− Maak voor al uw *eigen situaties* stap 5 de taartdiagrammen (zie bijlagen 3 t/m 7 achter in dit werkboek).
− Vul bij de vijf dagboeken (om te kopiëren zie bijlage 1 achter in dit werkboek) die u per week maakt, naast stap 1, 2 en 3 ook stap 5 de taartdiagrammen in.
Let op: stap 4 kunt u voor de dagboeken overslaan.

6 Evalueer de ernst van uw spontane interpretatie

Bij de evaluatie van ernst gaat u kijken of uw inschatting van hoe erg het zou zijn als uw spontane interpretatie werkelijk waar zou zijn, misschien overdreven is. Neem een van uw *eigen situaties* (pas het straks ook toe op uw *dagboeksituaties*). Maak de ernstschaal op de volgende manier:

1. Scoor hoe erg u het zou vinden als uw spontane interpretatie in die situatie werkelijk waar zou zijn.
2. Maak een brainstorm over welke eigenschappen mensen in de wereld allemaal kunnen hebben: wat kunnen mensen allemaal van elkaar vinden in de wereld?
   a. Bedenk bijvoorbeeld de eigenschappen van de ergste personen die u zich in de wereld kunt voorstellen, zoals Adolf Hitler of Marc Dutroux.
   b. Bedenk ook eigenschappen van minder erge mensen, zoals mensen van tv die u niet zo mag of van wie u weet dat anderen zich aan hen storen.
   c. Bedenk ook de eigenschappen van mensen uit uw eigen omgeving: mensen die u zelf niet zo aardig vindt, of een collega aan wie anderen zich ergeren.
   d. Zet al deze eigenschappen op een rij.
3. Zet alle eigenschappen die u verzameld heeft, op een schaal van 0 (helemaal niet erg) tot 100 (het allerergste wat iemand van een ander kan vinden).
   Belangrijk daarbij is dat u bedenkt hoe de *wereld in het algemeen* tegen deze eigenschappen aankijkt. U zet ze dus niet in de volgorde van hoe naar het voor u voelt, maar hoe de wereld, de huidige maatschappij, tegen dit soort eigenschappen aankijkt. Als u weinig eigenschappen heeft die onder de 50 scoren, probeer deze selectie dan aan te vullen: wat zijn mildere negatieve oordelen die men over anderen kan hebben?
4. Zet als laatste de eigenschap uit uw spontane interpretatie in de schaal. Bekijk hoe de wereld tegen deze eigenschap aankijkt. Om de eigenschap op de juiste plek neer te zetten kunt u gebruikmaken van de andere eigenschappen die er staan: wordt dom door anderen als erger of minder erg dan ordinair gevonden of wordt dom erger of minder erg dan gemeen gevonden?

Voorbeeld
Situatie: Ik zeg mijn mening in een groep en ze reageren niet op wat ik zeg.
Interpretatie: Ze reageren niet omdat ze me dom vinden.

Hoe erg vindt u het als uw spontane interpretatie werkelijk waar zou zijn?
95

Maak een brainstorm over: *Wat kunnen mensen allemaal van elkaar vinden in de wereld?*

Brainstorm:
1 lief;
2 sociaal;
3 gemeen;
4 overheersend;
5 racistisch;
6 spontaan;
7 ordinair;
8 haatdragend;
9 moorddadig;
10 intimiderend.

Zet al deze eigenschappen op de ernstschaal. Hoe denkt de wereld over deze eigenschappen? Zet de oordelen die in de wereld het ergste worden gevonden helemaal rechts neer en de mildere oordelen meer naar links.

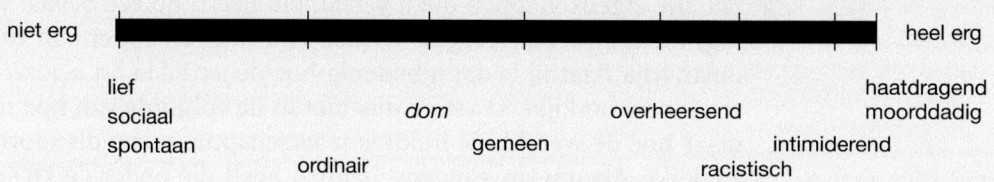

Figuur 2
Ernstschaal.

Zet als laatste de eigenschap uit uw eigen spontane interpretatie erin.
Beantwoordt daarna de volgende vraag:
Hoe erg vindt u het **nu** als uw spontane interpretatie werkelijk waar zou zijn?
55

Thuiswerk

– Maak voor al uw *eigen situaties* stap 6 de ernstschaal (zie bijlagen 3 t/m 7 achter in dit werkboek).
– Vul bij de vijf dagboeken (om te kopiëren zie bijlage 1 achter in dit werkboek) die u per week maakt, ook stap 6 (de ernstschalen) in.

7 Bedenk: Wat kan ik doen als ...?

Bij de techniek van 'Wat kan ik doen als ...?' gaat u brainstormen over wat u, maar ook andere mensen, zouden kunnen doen als uw naarste interpretatie ook werkelijk waar zou zijn. Neem een van uw *eigen situaties* (pas het straks ook toe op uw *dagboeksituaties*). Bedenk wat u zou kunnen doen als de interpretatie werkelijk klopt. Verzin van alles. Om u te helpen kunt u bijvoorbeeld bedenken wat figuren zoals de premier, de president van Amerika, Mohammed Ali, Moeder Teresa of Nelson Mandela zouden doen als zij erachter kwamen dat iemand iets negatiefs over hen zou denken. Bedenk ook wat goede vrienden, familie of collega's dan zouden doen.

> **Voorbeeld**
> *Situatie:* Ik loop langs een groepje jongeren die lachen.
> *Spontane Interpretatie:* Ze lachen me uit omdat ze me raar vinden.
>
> *Wat kan ik doen als ze me echt uitlachen omdat ze me raar vinden?*
> 1 Vragen waarom ze me precies uitlachen.
> 2 Weglopen.
> 3 Scheldend naar ze toe gaan.
> 4 Nooit meer over straat lopen.
> 5 Vrienden of familie vertellen hoe rot ik het vind dat die jongeren me uitlachen en vragen wat zij zouden doen in zo'n situatie.
> 6 Naar ze toe gaan en uitleggen dat het niet leuk is om raar gevonden te worden.
> 7 Mezelf trakteren op iets lekkers ter compensatie.

Thuiswerk

- Maak voor al uw *eigen situaties* stap 7 'Bedenk: Wat kan ik doen als ...?' (zie bijlagen 3 t/m 7 achter in dit werkboek).
- Vul bij de vijf dagboeken (om te kopiëren zie bijlage 1 achter in dit werkboek) die u per week maakt ook stap 7 'Bedenk: Wat kan ik doen als ...?' in.

8 Maak een nieuwe genuanceerde interpretatie

Bedenk met behulp van wat u tot nu toe geleerd heeft, een nieuwe genuanceerde interpretatie. De genuanceerde interpretatie is een soort samenvatting van wat u tot nu toe ontdekt heeft over uw spontane interpretatie. Dus wat was uw conclusie over de interpretatie-brainstorm, het taartdiagram, de ernstschaal en 'Wat kan ik doen als ...?'.

> *Voorbeeld*
> *Situatie:* Ik loop langs een groepje jongeren die lachen.
> *Spontane Interpretatie:* Ze lachen me uit omdat ze me raar vinden.
> *Nieuwe genuanceerde interpretatie:* Ik weet niet of ze om mij lachen, ze kunnen over zoveel andere dingen lachen. De kans dat ze mij uitlachen is veel minder groot dan dat het spontaan in me opkomt. Als ze inderdaad om mij lachen omdat ze me raar vinden, is dat niet het allerergste wat me kan overkomen. Er zijn wel ergere dingen die mensen over elkaar kunnen denken. Mijn neiging is om nooit meer op straat te komen als dit gebeurt, maar ik zou ook kunnen proberen om gewoon rustig door te lopen.

Thuiswerk

– Maak voor al uw *eigen situaties* stap 8 'Maak een nieuwe genuanceerde interpretatie' (zie bijlagen 3 t/m 7 achter in dit werkboek).
– Vul bij de vijf dagboeken (om te kopiëren zie bijlage 1 achter in dit werkboek) die u per week maakt, ook stap 8 'Maak een nieuwe genuanceerde interpretatie' in.

Afronding

U heeft de afgelopen sessies gewerkt aan het veranderen van uw denkpatroon in de sociale situaties die u moeilijk vindt. Voordat u verder gaat met het volgende hoofdstuk is het goed te evalueren op welke vlakken u al vooruitgang merkt en waar u de komende sessies vooral aan wilt werken.

Thuiswerk

- Vul het evaluatieformulier (figuur 3) in.
- Doorlezen en verbeteren van stap 1 tot en met 8. Bekijk alle stappen die u tot nu toe heeft gemaakt. Zijn er nog dingen die u kunt aanpassen of verbeteren?
  - Stap 3: Zijn er brainstormen waar u nog interpretaties bij zou kunnen bedenken?
  - Stap 4: Lees de vragenlijsten die u verzameld heeft bij anderen nog eens door. Hoe kijkt u er nu tegenaan?
  - Stap 5: Kloppen de taartdiagrammen nog of is daar voor u iets in veranderd?
  - Stap 6: Zou u bij bepaalde situaties nog andere Ernstschalen kunnen maken?
  - Stap 7: Kunt u nog meer ideeën bij 'Bedenk: Wat kan ik doen als...?' invullen?
  - Stap 8: Kunt u de 'nieuwe genuanceerde interpretaties' nog verder verfijnen?

Evaluatieformulier

Welke situaties gaan goed en welke gaan nog niet goed? Hoe gaat u deze situaties aanpakken?

Schrijf de situaties op die eerst moeilijk waren, maar nu goed gaan:

_____
_____
_____
_____
_____
_____
_____
_____
_____
_____

Schrijf de situaties op waar u nog aan wilt werken:

_____
_____
_____
_____
_____
_____
_____
_____
_____
_____

Bedenk hoe u de situaties waar u nog aan wilt werken, gaat aanpakken:

_____
_____
_____
_____
_____
_____
_____
_____
_____
_____

Figuur 3
Evaluatieformulier.

Deel 3
Experimenten

U heeft in de afgelopen sessies met behulp van het stappenplan technieken geleerd en toegepast om uw spontane interpretaties te veranderen. Dit heeft u vooral op papier gedaan. Mensen zeggen soms dat ze hierdoor weliswaar hebben ontdekt dat anderen niet zo negatief over hen denken als ze spontaan verwachtten, maar dat het nog wel zo blijft voelen.
In het volgende deel van de therapie gaat u experimenten uitvoeren. Hiermee lukt het vaak beter om ook uw gevoel te veranderen. Bij het uitvoeren van experimenten gaat u niet langer op papier werken, maar in de praktijk informatie verzamelen over uw spontane interpretatie. We weten namelijk dat eigen ervaringen vaak in een nog veel beter resultaat sorteren waar het het veranderen van spontane interpretaties betreft, dan het denken en praten erover.
Over het algemeen neemt dit deel van de therapie zes sessies in beslag. U kunt met uw therapeut overleggen om hier meer sessies de tijd voor te nemen of om de therapie in te korten en minder sessies te gebruiken.

Met een experiment gaat u in de praktijk onderzoeken of uw oorspronkelijke spontane interpretatie (anderen denken iets negatiefs) klopt of dat in de werkelijkheid mensen neutraal of misschien zelfs positief oordelen. Eigenlijk stapt u in de rol van onderzoeker: u gaat een goed gedegen experiment opzetten om te onderzoeken hoe mensen in bepaalde situaties oordelen over anderen (waaronder u).
Om als onderzoeker uw spontane interpretatie goed te kunnen onderzoeken, gaat u situaties creëren waarin u onomstotelijk kunt ontdekken hoe mensen oordelen over anderen. U kunt bijvoorbeeld gaan observeren hoe anderen reageren op iemand die bloost (als u blozen lastig vindt), of u kunt gaan kijken hoe mensen op u reageren als u over straat loopt (als u het lastig vindt om over straat te lopen). Er zijn echter ook andere mogelijkheden, zoals het afnemen van een enquête of het doen van rollenspelen. Deze verschillende vormen zullen in dit hoofdstuk aan bod komen. Samen met uw therapeut gaat u kijken welke experimenten u zou willen uitproberen om uw sociale angst aan te pakken.
Dit hoofdstuk start met een paragraaf met uitleg over hoe u experimenten kunt maken.

Het maken van een experiment
Experiment 1. Observatie
Experiment 2. Gedragsexperiment
Experiment 3. Enquête
Experiment 4. Rollenspel

Het maken van een experiment

Het prettigste is om de eerste experimenten samen met uw therapeut te maken. Het is namelijk geen al te eenvoudige techniek. Al naargelang u het beter onder de knie krijgt, zult u merken dat het meer en meer vanzelf gaat – misschien gaat u zelfs spontaan experimenten uitvoeren.

Een experiment kunt u als volgt opzetten:
1 Bedenk wat voor experiment u wilt gaan uitvoeren. Wat zou u willen uitproberen om uit te zoeken of een van uw spontane interpretaties waar is of niet? Waar, wat, wanneer, met wie?
2 Bedenk wat uw spontane interpretatie in die situatie zou zijn.
3 Bedenk wat de rationele interpretatie in die situatie zou zijn. De rationele interpretatie lijkt een beetje op de nieuwe *genuanceerde* interpretatie zoals u die gewend bent om te maken voor uw eigen situaties en dagboeksituaties. Een belangrijk verschil is dat de rationele interpretatie een korte interpretatie is, die bijna tegenovergesteld is aan uw spontane interpretatie. Met zo'n kortere nieuwe interpretatie kunt u gemakkelijker experimenten uitvoeren.

Zie voor voorbeelden van spontane en rationele interpretaties hierna.

Spontane interpretatie

- Het valt anderen onmiddellijk op als iemand een kleine sociale 'overtreding' maakt, zoals blozen, zweten, trillen, hakkelen of onhandig doen.
- Anderen oordelen negatief als iemand een kleine sociale 'overtreding' maakt, zoals blozen, zweten, trillen, hakkelen of onhandig doen.
- Ik val op, anderen kijken continu op een negatieve manier naar mij.
- Anderen beoordelen mij negatief, negatiever dan dat ze andere mensen zouden beoordelen.

Rationele interpretatie

- Het valt anderen amper op als iemand een kleine sociale 'overtreding' maakt, zoals blozen, zweten, trillen, hakkelen of onhandig doen.
- Anderen oordelen neutraal tot licht negatief (of zelfs positief) als iemand een kleine sociale 'overtreding' maakt, zoals blozen, zweten, trillen, hakkelen of onhandig doen.
- Ik val helemaal niet op, anderen beoordelen mij net zo normaal als ze iedereen beoordelen.
- Anderen beoordelen mij neutraal of zelfs positief, in ieder geval als net zo normaal als ze iedereen beoordelen.

4 Bedenk, zo concreet mogelijk, wat de bewijzen zouden zijn vóór uw spontane interpretatie: wat moet u, als onderzoeker, observeren om te concluderen dat uw spontane interpretatie werkelijk waar is.
Bedenk bijvoorbeeld heel concreet hoe het eruitziet als iemand laat zien dat hij het

raar vindt als iemand anders bloost. Of bedenk heel concreet hoe het eruitziet als iemand die u op straat tegenkomt, u raar vindt.

5 Bedenk vervolgens, zo concreet mogelijk, wat de bewijzen zouden zijn vóór uw rationele interpretatie.
Bedenk hoe het eruitziet als iemand het niet raar vindt als iemand anders bloost. Of hoe het eruitziet als iemand die u op straat tegenkomt, u niet raar vindt maar net zo normaal als alle anderen.

6 Nadat u dit goed heeft uitgedacht, gaat u het experiment uitvoeren. Als een echte onderzoeker gaat u tijdens het experiment goed observeren hoe anderen reageren om zo te ontdekken of uw spontane interpretatie klopt (anderen denken iets negatiefs), of dat anderen iets neutraal of positiefs denken.

Belangrijk bij het uitvoeren van experimenten is dat u geen situaties gaat opzoeken waar u té gespannen van wordt. Wanneer mensen erg gespannen zijn, is het moeilijk om goed te kunnen observeren hoe anderen reageren. Daarom is het belangrijk om experimenten zo te ontwerpen dat het voor u haalbaar is om ze uit te voeren. U kunt daarom met wat eenvoudige experimenten beginnen. Experimenten die u uitvoert in situaties die u moeilijk vindt, zijn echter wel de meest krachtige experimenten. Dus als u het aandurft is dat absoluut aan te raden.

U kunt op vele verschillende manieren een experiment uitvoeren. In de volgende paragrafen worden de vier verschillende soorten experimenten beschreven: observaties, gedragsexperimenten, enquêtes en rollenspelen. Er zijn echter nog talloze andere soorten experimenten te bedenken.
Ga zelf en samen met uw therapeut creatief op zoek naar wat u nu echt zou moeten ontdekken om uw sociale angst te overwinnen. De komende sessies gaat u samen met uw therapeut actief verschillende experimenten bedenken en u voert deze thuis of tijdens de sessie uit. Zie tabel 26 in hoofdstuk 'Hoe verder na de therapie?' dit werkboek voor de formulieren waarop u de experimenten kunt invullen.

Thuiswerk

– Blijf gedurende de komende sessies consequent vijf dagboeken (om te kopiëren zie bijlage 1 achter in dit werkboek) per week maken. Vul nu alle stappen (1 t/m 8) in.
– Ga bij elk van uw *eigen situaties* brainstormen over welke experimenten u daarbij zou kunnen uitvoeren. Laat uw gedachten de vrije loop. Bedenk ook experimenten die u helemaal niet zou durven of kunnen uitvoeren. De volgende sessie gaat u samen met uw therapeut rustig bekijken welke experimenten voor u haalbaar zijn.

1 Observatie

Bij observatie-experimenten gaat u uw spontane interpretatie onderzoeken door te observeren hoe andere mensen zich gedragen in sociale situaties die u moeilijk vindt. U kunt op deze manier bijvoorbeeld onderzoeken in hoeverre mensen, wanneer ze langs een terras of bushalte lopen of de bus instappen, naar elkaar kijken. U kunt ook aan vrienden of familieleden vragen of zij in een sociale situatie iets (een bepaalde handeling) willen doen, waarvan u denkt dat anderen dat negatief zullen vinden. U kunt dan van een afstandje observeren of anderen inderdaad zo negatief reageren als u vreest. Een voorbeeld hiervan is om iemand te vragen bij de kassa wat te treuzelen en te observeren hoe de mensen in de rij erop reageren. In het kader vindt u een aantal voorbeelden en in tabel 16 ziet u een uitgewerkt experimentenformulier over een observatie.

Omdat u bij een observatie niet zelf aan de sociale situatie meedoet, zijn deze experimenten wat eenvoudiger uit te voeren en vaak een goede opstap om zelf te gaan experimenteren in sociale situaties zoals beschreven in het volgende hoofdstuk over gedragsexperimenten.

Voorbeelden
- Ik ga zaterdag op een terrasje zitten. Ik ga observeren hoe de mensen op het terras kijken naar mensen die voorbij komen lopen. (Zie tabel 16 voor een uitgewerkt experimentenformulier.)
- Ik ga kijken hoe anderen zich bij een drukke bushalte gedragen als er iemand voorbijloopt. Ik ga daarvoor naar het busstation en ga ergens op een bankje zitten waar ik goed overzicht heb. Ik ga kijken hoe anderen reageren op mensen die voorbijkomen.
- Als ik in de bus zit, observeer ik hoe de buschauffeur op anderen reageert en hoe de mensen in de bus reageren op passagiers die binnen komen lopen.
- Ik vraag een vriend van mij om in een drukke supermarkt bij de kassa te gaan treuzelen door rustig zijn portemonnee te pakken, met kleingeld te betalen en nog even iets te vragen over een aanbieding. Ik sta op een afstandje en observeer hoe anderen in de rij reageren.

Tabel 16 Uitgewerkt experimentenformulier.

Beschrijf het experiment dat u gaat uitvoeren:
Ik ga zaterdag op een terrasje zitten. Ik ga observeren hoe de mensen op het terras kijken naar mensen die voorbij komen lopen.

Spontane interpretatie:	*Rationele interpretatie:*
De mensen op het terras bekijken anderen uitgebreid met het doel om over anderen te kunnen lachen.	De mensen op het terras zijn niet zo bezig met de mensen die voorbijlopen. Als ze naar anderen kijken dan doen ze dat niet op een negatieve manier.
Kans: 70% Ernst: 80	Kans: 10% Ernst: 10
Wat gebeurt er als uw spontane interpretatie waar is?	*Wat gebeurt er als uw rationele interpretatie waar is?*
De mensen op het terras kijken het grootste deel van de tijd naar mensen die voorbijlopen. Als ze lachen, dan kijken ze naar iemand die voorbijkomt. Ze stoten elkaar aan als ze aan het lachen zijn. Sommigen zullen naar die persoon wijzen.	De mensen op het terras zijn vooral op elkaar gericht. Ze kijken niet zoveel naar mensen die voorbijlopen. Als ze kijken naar iemand die voorbijkomt, gaan ze niet lachen. Als ze lachen, dan doen ze dat met elkaar en niet om de persoon die voorbijkomt.

Hoe is het experiment verlopen?
Ik ben met een vriendin op een terras gaan zitten. Samen hebben we gekeken hoe de andere mensen op het terras zich gedroegen.

Wat gebeurde er waaruit blijkt dat uw spontane interpretatie waar is?	*Wat gebeurde er waaruit blijkt dat uw rationele interpretatie waar is?*
Ik zag dat een stel één keer naar iemand keek en het leek dat ze over die persoon iets tegen elkaar zeiden.	We zagen dat de mensen op het terras vooral met elkaar bezig waren en niet zoveel keken naar wie er voorbijkwam. Soms keken ze wel naar iemand die voorbijkwam. Dan keken ze even en gingen weer verder met hun gesprek. Soms lachten ze, maar dan waren ze met elkaar aan het lachen.
Hoe denkt u nu over uw spontane interpretatie?	*Hoe denkt u nu over uw rationele interpretatie?*
Kans: 20% Ernst: 40	Kans: 80% Ernst: 10

Wat is uw conclusie?
Mensen op het terras zijn vooral met elkaar bezig. Ze kijken helemaal niet zoveel naar de mensen die langskomen. Als ze al kijken, dan lachen ze meestal niet om degene die langskomt. Ze lachen wel onder elkaar, maar eigenlijk niet om andere mensen.

Thuiswerk

- Vul de vijf dagboeken (om te kopiëren zie bijlage 1 achter in dit werkboek) per week in, zoals u gewend bent: maak voor elk dagboek alle stappen uit het stappenplan.
- Bedenk samen met uw therapeut een observatie-experiment en probeer dit zo vaak als u kunt uit te voeren. Het is aan te raden om dit minstens drie keer per week te doen. Vul elke keer dat u een observatie uitvoert, het experimentenformulier in (zie tabel 24 aan het einde van dit deel om te kopiëren).
- Probeer ook spontaan een observatie uit te voeren, als u toevallig in een situatie komt die daarvoor geschikt blijkt te zijn. Hoe meer observaties u doet, hoe beter! Vul elke keer als u een observatie uitvoert het experimentenformulier in (zie tabel 24 aan het einde van dit deel om te kopiëren).

2 Gedragsexperiment

Bij gedragsexperimenten gaat u een situatie creëren die u moeilijk vindt, en kijken of mensen inderdaad negatief op u reageren, zoals u verwacht in uw spontane interpretaties. Bij de observatie-experimenten heeft u geobserveerd hoe anderen met elkaar omgaan. Nu kunt u gaan kijken hoe anderen op u reageren in sociale situaties. U kunt bijvoorbeeld observeren hoeveel mensen werkelijk naar u kijken en hoeveel van hen u op een negatieve manier bekijken als u over straat loopt, een bus instapt of langs een terras loopt.

U kunt gedragsexperimenten ook gebruiken om uw veiligheidsgedrag te laten vallen. Mensen met een sociale-angststoornis zijn geneigd om in een sociale situatie dingen uit de weg te gaan. Ze voeren bijvoorbeeld wel een gesprek met iemand, maar gaan bepaalde onderwerpen uit de weg omdat ze bang zijn dat de ander merkt dat ze daar niet zoveel van weten. Of ze zorgen dat ze bij de kassa altijd hun pinpas in de hand hebben, zodat de mensen in de rij niet op hen hoeven te wachten. Dit soort gedrag noemen we *veiligheidsgedrag*: het zijn gedragingen om te voorkomen dat uw spontane interpretatie (anderen vinden mij dom of vervelend) waar wordt. In een gedragsexperiment kunt u ook uitproberen wat er in een sociale situatie gebeurt als u niet probeert te voorkomen dat mensen u negatief beoordelen.

Hierna staat een aantal voorbeelden van gedragsexperimenten en in tabel 17 en 18 ziet u twee uitgewerkte experimentenformulieren over gedragsexperimenten.

Voorbeelden
- Ik ga over straat lopen en observeer hoe anderen op mij reageren. (Eventueel: ik vraag ook een vriend om van een afstandje te observeren hoe anderen op mij reageren).
Zie tabel 17 voor een uitgewerkt experimentenformulier.
- Ik zeg tegen de caissière iets over het weer en kijk hoe ze op me reageert.
- Ik stap de bus in en observeer hoe de buschauffeur op mij reageert. Als ik de bus verder inloop observeer ik hoe anderen naar me kijken. Ik ga naast iemand zitten en observeer hoe deze persoon op mij reageert. Daarna observeer ik hoe de chauffeur en de andere passagiers omgaan met iemand die de bus instapt.
- Tijdens het etentje aankomende dinsdag ga ik mijn mening geven. Ik ga opletten waar de gesprekken over gaan en zal over één onderwerp duidelijk mijn mening geven. Ik kijk de anderen daarbij aan en spreek met een normaal volume. Ik zal mijn mening niet bagatelliseren. Ik ga vervolgens observeren hoe ze op mij reageren. (Eventueel: achteraf vraag ik aan een goede vriend die er ook bij was, wat hij van mijn mening vond.)
Zie tabel 18 voor een uitgewerkt experimentenformulier.

- In een supermarkt weeg ik de groente niet af, terwijl dat wel moet. Als de caissière vraagt of ik de groente wil gaan afwegen, observeer ik hoe ze naar me kijkt. Ik loop daarna rustig naar de groenteafdeling en weeg mijn groente af. Als ik terugloop observeer ik hoe de mensen in de rij op mij reageren en hoe de caissière op mij reageert als ik de groente terugbreng.
- Ik ga met een vriend naar een cafeetje. Ik stoot, zogenaamd per ongeluk, een glas water om. Ik blijf rustig zitten, ga me niet verontschuldigen, pak rustig het glas van de grond en kijk hoe het personeel op me reageert.

Tabel 17 Uitgewerkt experimentenformulier.

Beschrijf het experiment dat u gaat uitvoeren:
Ik ga over straat lopen en observeer hoe anderen op mij reageren. Mijn vriend kijkt op een afstandje hoe anderen op mij reageren.

Spontane interpretatie:	*Rationele interpretatie:*
Ze zullen me raar vinden.	Ze reageren hetzelfde op mij als op andere mensen.
Kans: 80% Ernst: 85	Kans: 30% Ernst: 0
Wat gebeurt er als uw spontane interpretatie waar is?	*Wat gebeurt er als uw rationele interpretatie waar is?*
Meer dan de helft van de mensen zal me aankijken. De blik van de ander is afkeurend: ze bekijken me van top tot teen en trekken hun wenkbrauwen op. Als ik voorbij ben, kijken ze nog even om.	De meeste mensen kijken niet naar me. Ze kijken even vluchtig langs me heen, zoals ze dat ook bij anderen doen. Als ze me zien, dan kijken ze neutraal en niet afkeurend.

Hoe is het experiment verlopen?
Ik ben in totaal zes keer op straat rond gaan lopen. Elke keer minstens 15 minuten. Eén keer is mijn vriend meegegaan en hij heeft op een afstandje gekeken hoe mensen op mij reageerden.

Wat gebeurde er waaruit blijkt dat uw spontane interpretatie waar is?	*Wat gebeurde er waaruit blijkt dat uw rationele interpretatie waar is?*
Eén persoon keek iets langer naar me, maar toch was zijn blik niet afkeurend.	In totaal zijn er wel zestig mensen langs me gelopen. De helft van hen keek even vluchtig naar me, maar zo gaan ze met iedereen om. Mijn vriend zag niemand afkeurend naar me kijken.
Hoe denkt u nu over uw spontane interpretatie?	*Hoe denkt u nu over uw rationele interpretatie?*
Kans: 30% Ernst: 30	Kans: 80% Ernst: 0

Wat is uw conclusie?
Anderen letten helemaal niet op me als ik over straat loop. Ze zijn vooral met zichzelf bezig en niet zozeer met anderen. Mensen kijken normaalgesproken even vluchtig naar een ander die langsloopt. Ik val helemaal niet op en anderen reageren net zo normaal op mij als op andere mensen.

EXPERIMENT 2 GEDRAGSEXPERIMENT

Tabel 18   Uitgewerkt experimentenformulier.

Beschrijf het experiment dat u gaat uitvoeren:
Tijdens het etentje aankomende dinsdag ga ik mijn mening geven. Ik ga opletten waar de gesprekken over gaan en zal over één onderwerp duidelijk mijn mening geven. Ik ga dan observeren hoe ze op mij reageren. Als ik mijn mening geef, zal ik dit luid en duidelijk doen, zodat iedereen mij kan horen.

Spontane interpretatie:	*Rationele interpretatie:*
Ze zullen mijn mening dom vinden.	Ze hebben respect voor mijn mening.
Kans: 80% Ernst: 85	Kans: 30% Ernst: 0
Wat gebeurt er als uw spontane interpretatie waar is? Ze praten over mijn mening heen. Ze luisteren niet naar mijn mening. Ze kijken afkeurend van mij weg. Ze beginnen te lachen en doen mijn mening af met een grapje.	*Wat gebeurt er als uw rationele interpretatie waar is?* Ze luisteren naar wat ik te zeggen heb. Als reactie vertellen ze wat hun mening is. Ze stellen vragen over mijn mening.

Hoe is het experiment verlopen?
Tijdens het etentje ging het gesprek over een film die ik net had gezien. Zij vonden de film erg mooi. Ik heb gezegd dat ik de film niet mooi vond.

Wat gebeurde er waaruit blijkt dat uw spontane interpretatie waar is?	*Wat gebeurde er waaruit blijkt dat uw rationele interpretatie waar is?*
Er was wel een persoon in de groep die niet naar mijn mening luisterde.	Ze luisterden naar wat ik te zeggen had. Een van de gasten vroeg waarom ik de film niet mooi vond. Toen ik dat vertelde, viel iemand anders mij bij. Niemand keek afkeurend weg, niemand begon te lachen en niemand deed mijn mening af met een grapje.
Hoe denkt u nu over uw spontane interpretatie?	*Hoe denkt u nu over uw rationele interpretatie?*
Kans: 25% Ernst: 40	Kans: 70% Ernst: 0

Wat is uw conclusie?
Anderen reageren amper negatief en eigenlijk vooral positief op mijn mening. Het gesprek werd zelfs leuker doordat ik mijn mening gaf.

Thuiswerk

- Vul de vijf dagboeken (om te kopiëren zie bijlage 1 achter in dit werkboek) per week in, zoals u gewend bent: maak voor elk dagboek alle stappen uit het stappenplan.
- Bedenk samen met uw therapeut een gedragsexperiment en probeer dit zo vaak als u kunt uit te voeren. Het is aan te raden om dit minstens drie keer per week te doen. Vul elke keer als u een gedragsexperiment uitvoert, het experimentenformulier in (zie tabel 24 aan het einde van dit deel om te kopiëren).
- Ga in de komende sessies elke keer samen met uw therapeut nieuwe gedragsexperimenten bedenken en voer deze thuis uit. Probeer er een gewoonte van te maken om gedragsexperimenten zo vaak als u kunt uit te voeren. Vul elke keer dat u een gedragsexperiment uitvoert, het experimentenformulier in (zie tabel 24 aan het einde van dit deel om te kopiëren).
- Probeer ook spontaan een gedragsexperiment uit te voeren, als u toevallig in een situatie komt die daarvoor geschikt blijkt te zijn. Hoe meer gedragsexperimenten u uitvoert, hoe beter! Vul elke keer als u een gedragsexperiment uitvoert het experimentenformulier in (zie tabel 24 aan het einde van dit deel om te kopiëren).

3 Enquête

In een enquête kunt u onderzoeken wat mensen in uw omgeving vinden van iets waar u zich in uw spontane interpretaties zorgen over maakt. U maakt dan een enquête over dit onderwerp en legt deze voor aan andere mensen. Op deze manier kunt u bijvoorbeeld onderzoeken wat mensen vinden van blozen, of anderen inderdaad veel slimmer zijn dan u, of hoe zij reageren op mensen die iets onhandigs doen in sociale situaties. Voordat u de enquête afneemt is het belangrijk dat u voorspelt wat de uitkomst ervan zal zijn. Om daar enig zicht op te hebben, vult u zelf de enquête in zoals u verwacht dat de anderen deze zullen invullen. Nadat u alle enquêtes heeft teruggekregen vergelijkt u de uitkomsten hiervan met wat u van tevoren voorspeld had. Komen uw voorspellingen overeen met wat de mensen in de enquêtes hebben ingevuld?

Net als bij het uitdelen van de vragenlijsten in het begin van de therapie is het niet voor iedereen gemakkelijk om anderen te vragen een enquête in te vullen. Bedenk samen met uw therapeut hoe u dit het beste kunt aanpakken.

Hierna staat een aantal voorbeelden van enquêtes. Een voorbeeld van een uitgewerkt experimentenformulier over een enquête vindt u in tabel 19. Ook zijn er enkele voorbeelden van enquêtes bijgevoegd (zie figuur 4, 5 en 6).

> **Voorbeelden**
> - Ik ga de mensen in mijn omgeving vragen wat ze vinden van blozen. Ik maak een vragenlijst met duidelijke vragen, zodat ik een goed beeld kan krijgen van wat deze mensen van blozen vinden. Van tevoren vul ik de vragenlijst in zoals ik denk dat anderen zullen gaan antwoorden.
>   Zie tabel 19 voor een uitgewerkte enquête.
> - Ik ga een kennisquiz voorleggen aan mijn vrienden om te kijken hoe goed zij die invullen. Ik zoek een aantal personen uit van wie ik denk dat ze heel slim zijn en een aantal die minder slim zijn. Van tevoren vul ik de quiz ook zelf in.
>   Zie figuur 5 voor een uitgewerkte enquête.
> - Ik maak een vragenlijst met allerlei voorbeelden van situaties waarin iemand in een sociale situatie iets onhandigs doet. Ik vraag de mensen te beoordelen wat ze van de persoon in die situatie vinden. Van tevoren vul ik de vragenlijst in zoals ik denk dat anderen zullen gaan antwoorden.
>   Zie figuur 6 voor een uitgewerkte enquête.

Tabel 19 Uitgewerkt experimentenformulier.

Beschrijf het experiment dat u gaat uitvoeren:
Ik ga de mensen in mijn omgeving vragen wat ze vinden van blozen (zie figuur 4 in dit hoofdstuk). Ik maak een enquête met duidelijke vragen, zodat ik een goed beeld kan krijgen van wat deze mensen van blozen vinden.

Spontane interpretatie:	Rationele interpretatie:
Mensen die blozen zijn raar.	Ze vinden blozen niet stom en raar.
Kans: 90% Ernst: 85	Kans: 10% Ernst: 0
Wat gebeurt er als uw spontane interpretatie waar is?	*Wat gebeurt er als uw rationele interpretatie waar is?*
Meer dan de helft van de mensen heeft zelf nooit gebloosd. Driekwart vindt het raar als iemand bloost. Deze mensen zullen vinden dat blozen verraadt dat iemand stiekem aan het liegen is en zich erg onzeker voelt. Driekwart vindt het irritant als iemand zich onzeker voelt.	De helft heeft zelf wel eens gebloosd. Ze hebben verschillende meningen over blozen. Minder dan de helft vindt blozen stom en raar. Minder dan de helft vindt het irritant als iemand onzeker is.

Hoe is het experiment verlopen?
Ik heb de vragenlijst door tien mensen laten invullen.

Wat gebeurde er waaruit blijkt dat uw spontane interpretatie waar is?	*Wat gebeurde er waaruit blijkt dat uw rationele interpretatie waar is?*
Eén persoon vond het een beetje raar als iemand bloosde, maar vond het niet heel erg.	Negen mensen zeiden wel dat het hen opviel als iemand bloosde, maar ze vonden die persoon dan niet stom of raar. Bijna iedereen had zelf ook wel eens gebloosd.
Hoe denkt u nu over uw spontane interpretatie?	*Hoe denkt u nu over uw rationele interpretatie?*
Kans: 35% Ernst: 45	Kans: 65% Ernst: 0

Wat is uw conclusie?
Het verbaasde me dat de meeste mensen zelf ook wel eens blozen. Bijna niemand vond het raar of stom om te blozen. Als iemand zag dat een ander bloosde, dachten ze daar verder niet zoveel over en vergaten het meestal snel. Ze probeerden dan vooral om die ander zich op zijn/haar gemak te stellen. Onzeker zijn vonden ze niet zo negatief.

Thuiswerk

- Vul de vijf dagboeken (om te kopiëren zie bijlage 1 achter in dit werkboek) per week in, zoals u gewend bent: maak voor elk dagboek alle stappen uit het stappenplan.
- Stel samen met uw therapeut een enquête op en maak deze thuis verder af. In de volgende sessie bespreekt u de enquête samen nogmaals en vult u in hoe u denkt dat anderen de enquête zullen invullen. Vul ook het experimentenformulier in (zie tabel 24 aan het einde van dit deel om te kopiëren).
- Als u wilt kunt u natuurlijk meerdere enquêtes maken en afnemen. Vul dan ook elke keer het experimentenformulier in (zie tabel 24 aan het einde van dit deel om te kopiëren).

EXPERIMENT 3　ENQUÊTE

Vragenlijst over blozen

1. Heeft u ooit iemand zien blozen?
   Zo ja, hoe vaak ongeveer?
   _____
   _____

2. Toen u deze persoon of personen zag blozen wat vond u toen van die persoon?
   _____
   _____
   _____

3. Toen u iemand zag blozen in welke mate vond u die persoon:
   a. onzeker (0-100%)? _____
   b. gemakkelijk te beïnvloeden (0-100%)? _____
   c. geen kennis van zaken hebben? (0-100%)? _____
   d. aandoenlijk (0-100%)? _____
   e. normaal (0-100%)? _____

4. Kijkt u anders of langer naar iemand die bloost? _____
   Zo ja, waarom?
   _____
   _____
   _____

5. Wat vindt u ervan als u ziet dat iemand onzeker is?
   _____
   _____
   _____

6. Bloost u zelf wel eens? _____
   Zo ja, hoe vaak ongeveer? _____

7. Hoe voelt u zich als u bloost?
   _____
   _____
   _____

8. In welke mate voelt u zich als u bloost:
   a. onzeker (0-100%)? _____
   b. gemakkelijk te beïnvloeden (0-100%)? _____
   c. geen kennis van zaken hebben? (0-100%)? _____
   d. aandoenlijk (0-100%)? _____
   e. normaal (0-100%)? _____

9. Wat vindt u ervan als u zelf onzeker bent?
   _____
   _____
   _____

Figuur 4
Vragenlijst blozen.

Kennisquiz

In deze quiz vindt u een aantal vragen. Wilt u deze vragen uit uw hoofd beantwoorden, dus zonder dat u er informatie over opzoekt.

1. Bedenk zo veel mogelijk landen in Europa en noem de hoofdsteden van deze landen.

   _____   _____   _____   _____
   _____   _____   _____   _____
   _____   _____   _____   _____
   _____   _____   _____   _____
   _____   _____   _____   _____

2. Noem de hoofdsteden van de volgende landen:

   Ecuador: _____

   Brazilië: _____

   Verenigde Staten van Amerika: _____

   Japan: _____

   China: _____

   Rusland: _____

   Canada: _____

   Indonesië: _____

   Zuid-Afrika: _____

   Algerije: _____

   Tunesië: _____

   Marokko: _____

3. Beantwoord de volgende vragen over politiek

   a. Hoeveel zetels heeft het Nederlandse parlement?
   _____

   b. Welke partijen zitten in het kabinet?
   _____

   c. Noem zoveel mogelijk namen van ministers die nu in de regering zitten.
   _____
   _____
   _____

Figuur 5
Kennisquiz.

Vragenlijst

Leeft u zich in de volgende situaties in en beantwoord de vragen.

1. **Iemand stoot per ongeluk een glas om in een horecagelegenheid.**

    Wat vindt u van deze persoon?
    In welke mate vindt u deze persoon dom (0-100%)? _____
    In welke mate vindt u deze persoon onhandig (0-100%)? _____
    In welke mate vindt u deze persoon normaal (dat overkomt iedereen wel eens) (0-100%)? _____

    Stel dit overkomt u, wat denkt u dat anderen over u zouden denken?
    In welke mate denkt u dat ze u dom vinden (0-100%)? _____
    In welke mate denkt u dat ze u onhandig vinden (0-100%)? _____
    In welke mate denkt u dat ze u normaal vinden (dat overkomt iedereen wel eens) (0-100%)? _____

    Hoe vaak is u zoiets al eens overkomen?
    _____

2. **Iemand stoot iets om in een winkel en het valt kapot.**

    Wat vindt u van deze persoon?
    In welke mate vindt u deze persoon dom (0-100%)? _____
    In welke mate vindt u deze persoon onhandig (0-100%)? _____
    In welke mate vindt u deze persoon normaal (dat overkomt iedereen wel eens) (0-100%)? _____

    Stel dit overkomt u, wat denkt u dat anderen over u zouden denken?
    In welke mate denkt u dat ze u dom vinden (0-100%)? _____
    In welke mate denkt u dat ze u onhandig vinden (0-100%)? _____
    In welke mate denkt u dat ze u normaal vinden (dat overkomt iedereen wel eens) (0-100%)? _____

    Hoe vaak is u zoiets al eens overkomen?
    _____

3. **Iemand staat bij de kassa en heeft net niet genoeg geld bij zich (en is zijn pinpas vergeten).**

    Wat vindt u van deze persoon?
    In welke mate vindt u deze persoon dom (0-100%)? _____
    In welke mate vindt u deze persoon onhandig (0-100%)? _____
    In welke mate vindt u deze persoon normaal (dat overkomt iedereen wel eens) (0-100%)? _____

    Stel dit overkomt u, wat denkt u dat anderen over u zouden denken?
    In welke mate denkt u dat ze u dom vinden (0-100%)? _____
    In welke mate denkt u dat ze u onhandig vinden (0-100%)? _____
    In welke mate denkt u dat ze u normaal vinden (dat overkomt iedereen wel eens) (0-100%)? _____

    Hoe vaak is u zoiets al eens overkomen?
    _____

Figuur 6
Vragenlijst.

4 Rollenspel

In een rollenspel kunt u uw spontane interpretaties onderzoeken door een moeilijk sociale situatie met iemand, bijvoorbeeld uw therapeut of een goede vriend, na te spelen. U evalueert vervolgens of wat u in uw spontane interpretaties vreest, ook werkelijk gebeurt. Komt u inderdaad zo raar, dom, onhandig of saai over als u vreest? Merkt de ander inderdaad dat u angstig bent?

Voordat u een rollenspel gaat spelen, maakt u een voorspelling over hoe u over denkt te komen en direct na het rollenspel vult u in hoe u denkt dat u overkwam. U vraagt ook de ander deze vragen over u in te vullen. Daarna gaat u samen evalueren. Hoe kwam u nu werkelijk over? Hiertoe kunt u een aantal vragen opstellen over punten waarover u zich zorgen maakt in uw spontane interpretaties, zoals: hoe zenuwachtig, sociaal vaardig, competent, onhandig, dom, zeker kwam u over?

U kunt ook gebruikmaken van cameraopnames om goed te kunnen evalueren hoe u nu werkelijk overkwam. Hoewel dit misschien eng klinkt, kan dit uiterst interessante informatie opleveren: vaak voelen mensen met sociale angst zich angstiger dan ze werkelijk overkomen. Als een ander u dat vertelt, heeft dat minder impact dan wanneer u dat zelf, met eigen ogen, via een camera kunt zien. Als u last heeft van bloosangst, kan het ook een idee zijn om een spiegel te gebruiken om objectief te evalueren hoe rood uw gezicht nu werkelijk wordt. Ook hier is het meestal zo dat mensen met sociale angst vaak het gevoel hebben roder te worden dan van de buitenkant te zien is.

Hierna staat een aantal voorbeelden van rollenspelen. Twee voorbeelden van een uitgewerkt experimentenformulier over rollenspelen vindt u in tabel 20 en 21. Verder is een voorbeeld van een evaluatieformulier van een rollenspel bijgevoegd (zie tabel 22 en 23).

Voorbeelden
- Ik ga een gesprek met mijn baas naspelen met mijn therapeut (of een vriend van mij). In het gesprek zal ik zeggen dat ik niet tevreden ben over mijn takenpakket en vraag ik of ik een ander takenpakket kan krijgen. Ik zal aan het einde van het gesprek aan mijn vriend vragen hoe hij me vond overkomen.
- Ik ga met mijn therapeut (of een vriend van mij) een sollicitatiegesprek naspelen. Van tevoren zoek ik een vacature uit en geef mijn tegenspeler instructies over wat hij ongeveer aan me moet vragen. Voor het rollenspel voorspel ik (aan de hand van het lijstje dat ik van tevoren gemaakt heb) hoe ik zal overkomen en erna evalueer ik hoe ik daadwerkelijk ben overgekomen. Na het rollenspel vult ook mijn tegenspeler (therapeut of vriend) dit lijstje in. Daarna evalueren we het gesprek en stel ik hem nog een aantal vragen.
- Ik ga observeren hoe rood ik werkelijk word als ik bloos. Ik vraag mijn therapeut (of een goede vriend van mij) om een aantal keren tegen me te zeggen dat ik aan het blozen ben, totdat ik voel dat ik echt aan het blozen ben. Uit een (verf)kleurenkaart kies ik hoe rood ik denk dat ik ben. Dan loop ik naar de spiegel en vergelijk de kleur van mijn wangen met de kleurenkaart.

Thuiswerk

- Vul de vijf dagboeken (om te kopiëren zie bijlage 1 achter in dit werkboek) per week in, zoals u gewend bent: maak voor elk dagboek alle stappen uit het stappenplan.
- Bedenk samen met uw therapeut een rollenspel dat u wilt uitvoeren. Stel samen de vragen op om te evalueren hoe u overkwam (zie tabel 22 voor een voorbeeld en tabel 23 om te kopiëren). Voer het rollenspel uit en evalueer dit samen. Vul ook het experimentenformulier in (zie tabel 24 aan het einde van dit hoofdstuk om te kopiëren).
- Bedenk samen met uw therapeut een rollenspel dat u wilt opnemen met een camera of waarin u een spiegel wilt gebruiken. Stel samen de vragen op om te evalueren hoe u overkwam. Voer het rollenspel uit en evalueer dit samen. Vul ook het experimentenformulier in (zie tabel 24 aan het einde van dit hoofdstuk om te kopiëren).
- Bedenk meerdere rollenspelen, stel de evaluatievragen op en voer ze uit met uw therapeut of met een goede vriend(in). Vul ook het experimentenformulier in (zie tabel 24 aan het einde van dit hoofdstuk om te kopiëren).

Tabel 20   Uitgewerkt experimentenformulier.

Beschrijf het experiment dat u gaat uitvoeren:
Ik ga een gesprekje met mijn baas naspelen met een vriend van mij. In het gesprek zal ik zeggen dat ik niet tevreden ben over mijn takenpakket en vraag ik of ik een ander takenpakket kan krijgen. Ik zal aan het eind van het gesprek aan een vriend vragen hoe hij me vond overkomen.

Spontane interpretatie:.	*Rationele interpretatie:*
Hij zal mij dom vinden overkomen.	Hij zal het normaal vinden dat ik dit vraag.
Kans: 90% Ernst: 85	Kans: 10% Ernst: 0
Wat gebeurt er als uw spontane interpretatie waar is? Mijn tegenspeler zal, in zijn rol als baas, mijn vraag negeren en me belachelijk maken dat ik dit vraag. Hij zal me dom vinden overkomen en het arrogant vinden dat ik een ander takenpakket wil.	*Wat gebeurt er als uw rationele interpretatie waar is?* Hij zal gewoon op mijn vraag ingaan en samen bedenken wat mijn nieuwe takenpakket wordt. Mijn vriend, in zijn rol als baas, zal het normaal vinden dat ik dit vraag.

Hoe is het experiment verlopen?
Ik heb een rollenspel gedaan met een vriend van me waarin hij mijn baas speelde. Ik heb de vraag over mijn takenpakket gesteld. Na het rollenspel heeft mijn vriend mij verteld hoe ik op hem overkwam.

Wat gebeurde er waaruit blijkt dat uw spontane interpretatie waar is?	*Wat gebeurde er waaruit blijkt dat uw rationele interpretatie waar is?*
Hij reageerde in eerste instantie wat afwachtend op mijn vraag. Hij vond achteraf dat ik een beetje onzeker overkwam, maar niet op een vervelende manier.	Nadat ik duidelijk had gezegd wat ik wilde, vroeg hij door en uiteindelijk bespraken we mijn nieuwe takenpakket. Mijn vriend vond me normaal overkomen en vond het niet gek dat ik deze vraag aan mijn baas wilde stellen.
Hoe denkt u nu over uw spontane interpretatie?	*Hoe denkt u nu over uw rationele interpretatie?*
Kans: 35% Ernst: 45	Kans: 65% Ernst: 0

Wat is uw conclusie?
Ik kan deze vraag best aan mijn baas stellen. Het is normaler dan ik denk om dit soort dingen aan een baas te vragen. Een baas zal me daarom niet dom of arrogant vinden. Ik kom ook minder onzeker over dan ik dacht.

EXPERIMENT 4 ROLLENSPEL

Tabel 21 Uitgewerkt experimentenformulier.

Beschrijf het experiment dat u gaat uitvoeren:
Ik ga een gesprekje met iemand voeren en mezelf observeren met een camera. Ik zal aan het einde van het gesprek aan mijn gesprekspartner vragen of hij me gespannen vond overkomen.

Spontane interpretatie:.	*Rationele interpretatie:*
Iedereen kan aan mij zien dat ik erg gespannen ben.	Ik kom niet zo gespannen over als ik me van binnen voel.
Kans: 80% Ernst: 75	Kans: 20% Ernst: 0
Wat gebeurt er als uw spontane interpretatie waar is? Je kunt in het fragment zien dat ik zweet en bloos. Ik heb een trillende stem. Ik maak zenuwachtige gebaren, zoals frunniken met mijn handen. Ik kijk veel naar beneden en kijk de ander amper aan.	*Wat gebeurt er als uw rationele interpretatie waar is?* Je kunt niet zien dat ik zweet en bloos. Mijn stem trilt niet of maar heel soms. Ik maak misschien wel wat zenuwachtige gebaren met mijn handen, maar niet zo erg dat het stoort. Ik kijk de ander voldoende aan.

Hoe is het experiment verlopen?
Ik heb een gesprekje gevoerd met een vriend van me over wat we het weekend hadden gedaan. Ik heb het gesprek opgenomen. Het fragment hebben we daarna met z'n tweeën bekeken.

Wat gebeurde er waaruit blijkt dat uw spontane interpretatie waar is?	*Wat gebeurde er waaruit blijkt dat uw rationele interpretatie waar is?*
Ik bloosde wel een beetje, maar niet de hele tijd. Soms keek ik wel weg, maar niet te vaak.	Ik kom veel minder gespannen over dan ik dacht, hoewel ik me wel gespannen voelde. Je zag niet aan me dat ik zweette. Mijn stem trilde helemaal niet. Ik keek mijn vriend voldoende aan. Ook die vriend van me vond mij niet gespannen overkomen.
Hoe denkt u nu over uw spontane interpretatie?	*Hoe denkt u nu over uw rationele interpretatie?*
Kans: 25% Ernst: 45	Kans: 75% Ernst: 0

Wat is uw conclusie?
Van binnen voel ik me zenuwachtiger dan ik werkelijk overkom. Blijkbaar voelt het van binnen erger dan anderen van buiten kunnen zien. Mijn vriend vond ook dat ik helemaal niet zo zenuwachtig overkwam.

Tabel 22 Evaluatieformulier rollenspel (voorbeeld).

Vragen	*Voor het rollenspel:* Hoe u denkt over te komen (0-100)?	*Direct na het rollenspel:* Hoe denkt u dat u overkwam (0-100)?	Hoe vindt de ander dat u overkwam (0-100)?	*Na de gezamenlijke evaluatie:* Hoe kwam u werkelijk over (0-100)?
Hoe angstig kwam ik over?	80	70	20	30
Hoeveel kon de ander zien dat ik bloosde?	85	80	25	20
Hoe vaak vielen er ongemakkelijke stiltes?	70	50	10	15
Hoe saai kwam ik over?	60	40	10	15
Hoe open was mijn houding?	40	50	80	80

Tabel 23 Evaluatieformulier rollenspel.				
Vragen	*Voor het rollenspel:* Hoe u denkt over te komen (0-100)?	*Direct na het rollenspel:* Hoe denkt u dat u overkwam (0-100)?	Hoe vindt de ander dat u overkwam (0-100)?	*Na de gezamenlijke evaluatie:* Hoe kwam u werkelijk over (0-100)?

Tabel 24 Experimentenformulier.

Beschrijf het experiment dat u gaat uitvoeren:

Spontane interpretatie:	Rationele interpretatie:
Kans: % Ernst:	Kans: % Ernst:
Wat gebeurt er als uw spontane interpretatie waar is?	Wat gebeurt er als uw rationele interpretatie waar is?

Hoe is het experiment verlopen?

Wat gebeurde er waaruit blijkt dat uw spontane interpretatie waar is?	Wat gebeurde er waaruit blijkt dat uw rationele interpretatie waar is?
Hoe denkt u nu over uw spontane interpretatie?	Hoe denkt u nu over uw rationele interpretatie?
Kans: % Ernst:	Kans: % Ernst:

Wat is uw conclusie?

Deel 4
De toekomst

Evaluatie van de therapie
Hoe verder na de therapie?
Wat te doen bij terugval?

Evaluatie van de therapie

U bent aan het einde van de behandeling gekomen. De afgelopen sessies heeft u met behulp van het stappenplan en door het uitvoeren van gedragsexperimenten gewerkt aan het veranderen van uw denkpatroon in de sociale situaties die u moeilijk vindt. Nu is het moment gekomen om terug te kijken naar hoe het met uw sociale angst ging voordat u met de therapie startte.
- Hoe ging het voor de therapie met u?
- Merkt u dat u in bepaalde sociale situaties minder angstig en gespannen bent geworden?
- Wat heeft u geleerd in de therapie?

Thuiswerk

- Vul het formulier 'Evaluatie van de therapie' in (zie tabel 25).

Tabel 25 Evaluatie van de therapie.

Kijk terug naar het moment dat u startte met de therapie.

Maak de balans op: schrijf de situaties op die aan het begin van de therapie moeilijk waren, maar nu goed gaan:

Wat heeft u geleerd tijdens de therapie?

Hoe verder na de therapie?

U zult waarschijnlijk gemerkt hebben dat u in een aantal situaties vooruitgang hebt geboekt, maar dat er ook nog situaties zijn waar u tegen opziet. Dat is normaal. De therapie is na deze sessies daarom ook niet afgelopen. U heeft nu de technieken in huis om met uw sociale angst om te gaan, maar het is wel belangrijk om te blijven werken aan sociale situaties waarin u gespannen of zenuwachtig wordt. Daarom is het belangrijk dat u wat u heeft geleerd, in uw leven gaat inpassen en dat u bezig blijft met de therapie. Maak deze week daarom een plan waarin u uiteenzet hoe u de therapie kunt blijven gebruiken en onderdeel kunt laten zijn van uw leven.

Thuiswerk

– Vul het formulier 'Plan voor na de therapie' in (zie tabel 26).

Tabel 26 Plan voor na de therapie.
Hoe gaat u met de therapie verder?
Hoe gaat u de komende weken en maanden verder met de therapie?
Hoe wilt u de therapie in uw leven gaan inbouwen?
Wat zijn uw valkuilen?
Wanneer merkt u dat de therapie aan het versloffen is?

Wat te doen bij terugval?

Sociale angst voelt iedereen in zijn leven – de een wat meer dan de ander. Als iemand een sociale-angststoornis heeft (gehad), zoals u, dan zal deze persoon altijd wat gevoelig blijven voor sociale angst. Vaak steekt de angst weer de kop op als er belangrijke dingen in het leven gebeuren, zoals een verhuizing, een nieuwe baan, een nieuwe partner of het krijgen van een kindje. Soms ook kan sociale angst weer even opspelen zonder dat er een duidelijke aanleiding is. Dat is heel gewoon en niets om u zorgen over te maken. Doet zich dit voor, dan kunt u dit werkboek tevoorschijn halen en de technieken weer oppakken. Bereidt u zich er dus op voor dat u zich nog wel eens angstig gaat voelen. Maak een plan voor uzelf dat u er in zulke situaties bij kan pakken, met daarin adviezen wat u het beste kunt doen.

Thuiswerk

– Vul het formulier 'Wat te doen bij een terugval' in (zie tabel 27).

Tabel 27 Wat te doen bij een terugval?
Wat gaat u doen als u weer erg angstig wordt?
Van welke situaties denkt u dat u ze na beëindiging van de therapie nog moeilijk zult gaan vinden?
Bedenk wat u kunt doen als u in de voor u moeilijke situaties weer angstig wordt:
Ga na welke stappen uit het stappenplan u in dat geval dan kunt gebruiken:

Literatuur

Bögels, S.M. & Voncken, M.J. (submitted). Mindfulness- and taskconcentration training versus structured cognitive therapy for social anxiety disorder.

Bögels, S.M., Alden, L.E., Beidel, D.C., Clark, L.A., Pine, D.S., Stein, M.B., & Voncken, M.J. (2010). Social anxiety disorder: Questions and answers for the DSM-V. *Depression and Anxiety, 27*, 168-189.

Voncken, M.J. & Bögels, S.M. (2005). Specifieke preoccupaties bij sociale fobie: theorie en nieuwe behandeltechnieken. *Directieve Therapie, 25*, 165-175.

Voncken, M.J. & Bögels, S.M. (2006). Changing interpretation and judgmental bias in social phobia: A pilot study of a short, highly structured cognitive treatment. *Journal of Cognitive Psychotherapy, 20*, 59-73.

Bijlage 1 Dagboeksituaties

Op de volgende bladzijden staan de Dagboeksituaties. Deze kunt u kopiëren.

Dagboeksituaties

Situatie

Datum en tijdstip: _____

Waar bent u? Met wie? Wat gebeurt er?

_____
_____
_____

Stap 1 Wat is uw spontane interpretatie?

Noteer de eerste interpretatie die in u opkomt. Hoe denken anderen over u?

Spontane interpretatie:

_____
_____
_____

Hoe groot achtte u de kans dat uw spontane interpretatie werkelijk waar was? _____ %

Hoe erg vond/vindt u het als uw spontane interpretatie werkelijk waar zou zijn? _____

Stap 2 Welk effect heeft uw interpretatie op uw gevoel en gedrag?

Gevoel: Hoe voelt u zich (bijv. bang, bedroefd, boos, blij)? _____

Sterkte van uw gevoel (0-100): _____

Lichamelijke reactie:

☐ Blozen

☐ Transpireren

☐ Trillen

☐ Hartslag

☐ Anders: _____

Gedrag: Hoe reageert u?

_____
_____
_____

Hoe reageren de anderen? Hoe loopt het af?

_____
_____
_____
_____

Dagboeksituaties (1).

Stap 3 Maak een interpretatie-brainstorm

Bedenk zelf zo veel mogelijk verschillende interpretaties van de situatie. Hoe zouden anderen, behalve negatief, nog meer tegen u aan kunnen kijken?

1. _____
2. _____
3. _____
4. _____
5. _____
6. _____
7. _____
8. _____
9. _____
10. _____

Stap 5 Evalueer de kans

Stap 6 Evalueer de ernst van uw spontane interpretatie

Hoe erg is het eigenlijk als anderen iets negatiefs over u denken?
Maak een ernstschaal. Zet uw spontane interpretatie er als laatste tussen.

niet erg ▇▇▇▇▇▇▇▇▇▇▇▇▇▇▇▇▇▇▇▇▇▇▇▇▇▇▇▇▇▇ heel erg

Stap 7 Bedenk: Wat kan ik doen als ?

Bedenk wat u zou kunnen doen als anderen werkelijk iets negatiefs over u zouden denken.

1. _____
2. _____
3. _____
4. _____
5. _____

Stap 8 Maak een nieuwe, genuanceerde interpretatie:

_____
_____
_____
_____

Hoe groot acht u **nu** de kans dat uw spontane interpretatie werkelijk waar is? _____%

Hoe erg vindt u het **nu** als uw spontane interpretatie werkelijk waar zou zijn? _____

Dagboeksituaties (2).

Bijlage 2 Overzicht 'eigen situaties'

SITUATIE 1:

_____
_____

Spontane interpretatie: _____

SITUATIE 2:

_____
_____

Spontane interpretatie: _____

SITUATIE 3:

_____
_____

Spontane interpretatie: _____

SITUATIE 4:

_____
_____

Spontane interpretatie: _____

SITUATIE 5:

_____
_____

Spontane interpretatie: _____

Bijlage 3 Eigen situatie 1

Situatie:

_____

_____

STAP 1 SPONTANE INTERPRETATIE

_____

Hoe groot acht u de kans dat uw spontane interpretatie werkelijk waar is (0%-100%)? _____%

Hoe erg vindt u het als uw spontane interpretatie werkelijk waar zou zijn (0-100)? _____

STAP 2 EVALUATIE INTERPRETATIE

Gevoel: Hoe voelt u zich (bijv. bang, bedroefd, boos, blij)? _____

Sterkte van uw gevoel (0-100): _____

Lichamelijke reactie:

o Blozen
o Transpireren
o Trillen
o Hartslag
o Anders: _____

Gedrag:

Hoe reageert u meestal?

_____

_____

Hoe reageren de anderen dan? Hoe loopt het af?

_____

_____

_____

STAP 3 INTERPRETATIE-BRAINSTORM

Bedenk zelf zo veel mogelijk verschillende interpretaties van de situatie en noteer die in het volgende schema.

Interpretaties	Gevoel	Gedrag
1.		
2.		
3.		
4.		
5.		
6.		
7.		
8.		
9.		
10.		

BIJLAGE 3 EIGEN SITUATIE 1

STAP 4 VERZAMEL ANDERE INTERPRETATIES BIJ ANDEREN

Verzamel zo veel mogelijk interpretaties van deze situatie bij anderen. Vul deze in het schema in. Vul daarna uw eigen gevoel en gedrag bij elke interpretatie in.

Interpretaties	Gevoel	Gedrag
1.		
2.		
3.		
4.		
5.		

STAP 5 EVALUEER DE KANS DAT UW SPONTANE INTERPRETATIE WAAR IS

Bekijk op verschillende manieren of de kansschatting niet overdreven is.

Zet al de interpretaties die u bedacht en verzameld heeft in de 'taart' (figuur taartdiagram). Voeg ook de interpretatie 'niet-bedachte interpretaties' toe. Zet als laatste uw eigen interpretatie in de taart!

Taartdiagram.

Hoe groot acht u **nu** de kans dat uw spontane interpretatie werkelijk waar is (0%-100%)? _____

Wat heeft u geleerd over uw spontane interpretatie?

STAP 6 EVALUEER DE ERNST VAN UW SPONTANE INTERPRETATIE

Bekijk op verschillende manieren of de ernstschatting niet overdreven is.

Brainstorm over wat mensen allemaal van elkaar kunnen vinden (of wat mensen elkaar kunnen aandoen) in de wereld
1.
2.
3.
4.
5.
6.
7.
8.
9.
10.

Zet deze allemaal op de schaal die in figuur 'Ernstschaal' is afgebeeld.

niet erg ███████████████████████████████ heel erg

Ernstschaal.

Hoe erg vindt u het **nu** als uw spontane interpretatie werkelijk waar zou zijn (0-100)? _____

Wat heeft u geleerd over uw spontane interpretatie?

_____

_____

BIJLAGE 3 EIGEN SITUATIE 1

STAP 7 BEDENK: WAT KAN IK DOEN ALS ...?

Bedenk wat u zou kunnen doen als uw naarste interpretatie ook werkelijk waar zou zijn.

Brainstorm

1.

2.

3.

4.

5.

STAP 8 MAAK EEN NIEUWE GENUANCEERDE INTERPRETATIE

Bedenk aan de hand van de interpretaties die u verzameld heeft, de kans- en ernstschattingen en 'wat kan ik doen als ...' een nieuwe genuanceerde interpretatie.

Nieuwe genuanceerde interpretatie:

_____

Wat heeft u geleerd over deze situatie?

_____

Bijlage 4 Eigen situatie 2

Situatie:

_____

_____

STAP 1 SPONTANE INTERPRETATIE

_____

Hoe groot acht u de kans dat uw spontane interpretatie werkelijk waar is (0%-100%)? _____%
Hoe erg vindt u het als uw spontane interpretatie werkelijk waar zou zijn (0-100)? _____

STAP 2 EVALUATIE INTERPRETATIE

Gevoel: Hoe voelt u zich (bijv. bang, bedroefd, boos, blij)? _____
Sterkte van uw gevoel (0-100): _____

Lichamelijke reactie:

o Blozen
o Transpireren
o Trillen
o Hartslag
o Anders: _____

Gedrag:

Hoe reageert u meestal?

_____

_____

Hoe reageren de anderen dan? Hoe loopt het af?

_____

_____

_____

STAP 3 INTERPRETATIE-BRAINSTORM

Bedenk zelf zo veel mogelijk verschillende interpretaties van de situatie en noteer die in het volgende schema.

Interpretaties	Gevoel	Gedrag
1.		
2.		
3.		
4.		
5.		
6.		
7.		
8.		
9.		
10.		

BIJLAGE 4 EIGEN SITUATIE 2

STAP 4 VERZAMEL ANDERE INTERPRETATIES BIJ ANDEREN

Verzamel zo veel mogelijk interpretaties van deze situatie bij anderen. Vul deze in het schema in. Vul daarna uw eigen gevoel en gedrag bij elke interpretatie in.

Interpretaties	Gevoel	Gedrag
1.		
2.		
3.		
4.		
5.		

STAP 5 EVALUEER DE KANS DAT UW SPONTANE INTERPRETATIE WAAR IS

Bekijk op verschillende manieren of de kansschatting niet overdreven is.

Zet al de interpretaties die u bedacht en verzameld heeft in de 'taart' (figuur taartdiagram). Voeg ook de interpretatie 'niet-bedachte interpretaties' toe. Zet als laatste uw eigen interpretatie in de taart!

Taartdiagram.

Hoe groot acht u **nu** de kans dat uw spontane interpretatie werkelijk waar is (0%-100%)? _____

Wat heeft u geleerd over uw spontane interpretatie?

STAP 6 EVALUEER DE ERNST VAN UW SPONTANE INTERPRETATIE

Bekijk op verschillende manieren of de ernstschatting niet overdreven is.

Brainstorm over wat mensen allemaal van elkaar kunnen vinden (of wat mensen elkaar kunnen aandoen) in de wereld
1.
2.
3.
4.
5.
6.
7.
8.
9.
10.

Zet deze allemaal op de schaal die in figuur 'Ernstschaal' is afgebeeld.

niet erg   heel erg

Ernstschaal.

Hoe erg vindt u het **nu** als uw spontane interpretatie werkelijk waar zou zijn (0-100)? _____

Wat heeft u geleerd over uw spontane interpretatie?

_____

_____

BIJLAGE 4 EIGEN SITUATIE 2

STAP 7 BEDENK: WAT KAN IK DOEN ALS ...?

Bedenk wat u zou kunnen doen als uw naarste interpretatie ook werkelijk waar zou zijn.

Brainstorm

1.

2.

3.

4.

5.

STAP 8 MAAK EEN NIEUWE GENUANCEERDE INTERPRETATIE

Bedenk aan de hand van de interpretaties die u verzameld heeft, de kans- en ernstschattingen en 'wat kan ik doen als ...' een nieuwe genuanceerde interpretatie.

Nieuwe genuanceerde interpretatie:

Wat heeft u geleerd over deze situatie?

Bijlage 5 Eigen situatie 3

Situatie:

_____

_____

STAP 1 SPONTANE INTERPRETATIE

_____

Hoe groot acht u de kans dat uw spontane interpretatie werkelijk waar is (0%-100%)? _____ %

Hoe erg vindt u het als uw spontane interpretatie werkelijk waar zou zijn (0-100)? _____

STAP 2 EVALUATIE INTERPRETATIE

Gevoel: Hoe voelt u zich (bijv. bang, bedroefd, boos, blij)? _____

Sterkte van uw gevoel (0-100): _____

Lichamelijke reactie:

o Blozen
o Transpireren
o Trillen
o Hartslag
o Anders: _____

Gedrag:

Hoe reageert u meestal?

_____

_____

Hoe reageren de anderen dan? Hoe loopt het af?

_____

_____

_____

STAP 3 INTERPRETATIE-BRAINSTORM

Bedenk zelf zo veel mogelijk verschillende interpretaties van de situatie en noteer die in het volgende schema.

Interpretaties	Gevoel	Gedrag
1.		
2.		
3.		
4.		
5.		
6.		
7.		
8.		
9.		
10.		

BIJLAGE 5 EIGEN SITUATIE 3

STAP 4 VERZAMEL ANDERE INTERPRETATIES BIJ ANDEREN

Verzamel zo veel mogelijk interpretaties van deze situatie bij anderen. Vul deze in het schema in. Vul daarna uw eigen gevoel en gedrag bij elke interpretatie in.

	Interpretaties	Gevoel	Gedrag
1.			
2.			
3.			
4.			
5.			

STAP 5 EVALUEER DE KANS DAT UW SPONTANE INTERPRETATIE WAAR IS

Bekijk op verschillende manieren of de kansschatting niet overdreven is.

Zet al de interpretaties die u bedacht en verzameld heeft in de 'taart' (figuur taartdiagram). Voeg ook de interpretatie 'niet-bedachte interpretaties' toe. Zet als laatste uw eigen interpretatie in de taart!

Taartdiagram.

Hoe groot acht u **nu** de kans dat uw spontane interpretatie werkelijk waar is (0%-100%)? _____

Wat heeft u geleerd over uw spontane interpretatie?

STAP 6 EVALUEER DE ERNST VAN UW SPONTANE INTERPRETATIE

Bekijk op verschillende manieren of de ernstschatting niet overdreven is.

Brainstorm over wat mensen allemaal van elkaar kunnen vinden (of wat mensen elkaar kunnen aandoen) in de wereld
1.
2.
3.
4.
5.
6.
7.
8.
9.
10.

Zet deze allemaal op de schaal die in figuur 'Ernstschaal' is afgebeeld.

niet erg ▬▬▬▬▬▬▬▬▬▬▬▬▬▬▬▬▬▬▬▬ heel erg

Ernstschaal.

Hoe erg vindt u het **nu** als uw spontane interpretatie werkelijk waar zou zijn (0-100)? _____

Wat heeft u geleerd over uw spontane interpretatie?

_____

_____

BIJLAGE 5 EIGEN SITUATIE 3

STAP 7 BEDENK: WAT KAN IK DOEN ALS ...?

Bedenk wat u zou kunnen doen als uw naarste interpretatie ook werkelijk waar zou zijn.

Brainstorm

1.

2.

3.

4.

5.

STAP 8 MAAK EEN NIEUWE GENUANCEERDE INTERPRETATIE

Bedenk aan de hand van de interpretaties die u verzameld heeft, de kans- en ernstschattingen en 'wat kan ik doen als ...' een nieuwe genuanceerde interpretatie.

Nieuwe genuanceerde interpretatie:

_____
_____
_____
_____
_____
_____

Wat heeft u geleerd over deze situatie?

_____
_____
_____
_____

Bijlage 6 Eigen situatie 4

Situatie:

_____

_____

STAP 1 SPONTANE INTERPRETATIE

_____

Hoe groot acht u de kans dat uw spontane interpretatie werkelijk waar is (0%-100%)? _____%

Hoe erg vindt u het als uw spontane interpretatie werkelijk waar zou zijn (0-100)? _____

STAP 2 EVALUATIE INTERPRETATIE

Gevoel: Hoe voelt u zich (bijv. bang, bedroefd, boos, blij)? _____

Sterkte van uw gevoel (0-100): _____

Lichamelijke reactie:

o Blozen
o Transpireren
o Trillen
o Hartslag
o Anders: _____

Gedrag:

Hoe reageert u meestal?

_____

_____

Hoe reageren de anderen dan? Hoe loopt het af?

_____

_____

_____

STAP 3 INTERPRETATIE-BRAINSTORM

Bedenk zelf zo veel mogelijk verschillende interpretaties van de situatie en noteer die in het volgende schema.

Interpretaties	Gevoel	Gedrag
1.		
2.		
3.		
4.		
5.		
6.		
7.		
8.		
9.		
10.		

BIJLAGE 6 EIGEN SITUATIE 4

STAP 4 VERZAMEL ANDERE INTERPRETATIES BIJ ANDEREN

Verzamel zo veel mogelijk interpretaties van deze situatie bij anderen. Vul deze in het schema in. Vul daarna uw eigen gevoel en gedrag bij elke interpretatie in.

Interpretaties	Gevoel	Gedrag
1.		
2.		
3.		
4.		
5.		

STAP 5 EVALUEER DE KANS DAT UW SPONTANE INTERPRETATIE WAAR IS

Bekijk op verschillende manieren of de kansschatting niet overdreven is.

Zet al de interpretaties die u bedacht en verzameld heeft in de 'taart' (figuur taartdiagram). Voeg ook de interpretatie 'niet-bedachte interpretaties' toe. Zet als laatste uw eigen interpretatie in de taart!

Taartdiagram.

Hoe groot acht u **nu** de kans dat uw spontane interpretatie werkelijk waar is (0%-100%)? _____

Wat heeft u geleerd over uw spontane interpretatie?

STAP 6 EVALUEER DE ERNST VAN UW SPONTANE INTERPRETATIE

Bekijk op verschillende manieren of de ernstschatting niet overdreven is.

Brainstorm over wat mensen allemaal van elkaar kunnen vinden (of wat mensen elkaar kunnen aandoen) in de wereld
1.
2.
3.
4.
5.
6.
7.
8.
9.
10.

Zet deze allemaal op de schaal die in figuur 'Ernstschaal' is afgebeeld.

niet erg ████████████████████████████ heel erg

Ernstschaal.

Hoe erg vindt u het **nu** als uw spontane interpretatie werkelijk waar zou zijn (0-100)? _____

Wat heeft u geleerd over uw spontane interpretatie?

_____

_____

STAP 7 BEDENK: WAT KAN IK DOEN ALS ...?

Bedenk wat u zou kunnen doen als uw naarste interpretatie ook werkelijk waar zou zijn.

Brainstorm

1.

2.

3.

4.

5.

STAP 8 MAAK EEN NIEUWE GENUANCEERDE INTERPRETATIE

Bedenk aan de hand van de interpretaties die u verzameld heeft, de kans- en ernstschattingen en 'wat kan ik doen als ...' een nieuwe genuanceerde interpretatie.

Nieuwe genuanceerde interpretatie:

Wat heeft u geleerd over deze situatie?

Bijlage 7 Eigen situatie 5

Situatie:

_____

_____

STAP 1 SPONTANE INTERPRETATIE

_____

Hoe groot acht u de kans dat uw spontane interpretatie werkelijk waar is (0%-100%)? _____%
Hoe erg vindt u het als uw spontane interpretatie werkelijk waar zou zijn (0-100)? _____

STAP 2 EVALUATIE INTERPRETATIE

Gevoel: Hoe voelt u zich (bijv. bang, bedroefd, boos, blij)? _____
Sterkte van uw gevoel (0-100): _____

Lichamelijke reactie:

o Blozen
o Transpireren
o Trillen
o Hartslag
o Anders: _____

Gedrag:

Hoe reageert u meestal?

_____

_____

Hoe reageren de anderen dan? Hoe loopt het af?

_____

_____

_____

STAP 3 INTERPRETATIE-BRAINSTORM

Bedenk zelf zo veel mogelijk verschillende interpretaties van de situatie en noteer die in het volgende schema.

Interpretaties	Gevoel	Gedrag
1.		
2.		
3.		
4.		
5.		
6.		
7.		
8.		
9.		
10.		

STAP 4 VERZAMEL ANDERE INTERPRETATIES BIJ ANDEREN

Verzamel zo veel mogelijk interpretaties van deze situatie bij anderen. Vul deze in het schema in. Vul daarna uw eigen gevoel en gedrag bij elke interpretatie in.

Interpretaties	Gevoel	Gedrag
1.		
2.		
3.		
4.		
5.		

STAP 5 EVALUEER DE KANS DAT UW SPONTANE INTERPRETATIE WAAR IS

Bekijk op verschillende manieren of de kansschatting niet overdreven is.

Zet al de interpretaties die u bedacht en verzameld heeft in de 'taart' (figuur taartdiagram). Voeg ook de interpretatie 'niet-bedachte interpretaties' toe. Zet als laatste uw eigen interpretatie in de taart!

Taartdiagram.

Hoe groot acht u **nu** de kans dat uw spontane interpretatie werkelijk waar is (0%-100%)? _____

Wat heeft u geleerd over uw spontane interpretatie?

STAP 6 EVALUEER DE ERNST VAN UW SPONTANE INTERPRETATIE

Bekijk op verschillende manieren of de ernstschatting niet overdreven is.

Brainstorm over wat mensen allemaal van elkaar kunnen vinden (of wat mensen elkaar kunnen aandoen) in de wereld
1.
2.
3.
4.
5.
6.
7.
8.
9.
10.

Zet deze allemaal op de schaal die in figuur 'Ernstschaal' is afgebeeld.

niet erg ████████████████████████████ heel erg

Ernstschaal.

Hoe erg vindt u het **nu** als uw spontane interpretatie werkelijk waar zou zijn (0-100)? _____

Wat heeft u geleerd over uw spontane interpretatie?

_____

_____

BIJLAGE 7 EIGEN SITUATIE 5

STAP 7 BEDENK: WAT KAN IK DOEN ALS ...?

Bedenk wat u zou kunnen doen als uw naarste interpretatie ook werkelijk waar zou zijn.

Brainstorm
1.
2.
3.
4.
5.

STAP 8 MAAK EEN NIEUWE GENUANCEERDE INTERPRETATIE

Bedenk aan de hand van de interpretaties die u verzameld heeft, de kans- en ernstschattingen en 'wat kan ik doen als ...' een nieuwe genuanceerde interpretatie.

Nieuwe genuanceerde interpretatie:

_____
_____
_____
_____
_____
_____
_____

Wat heeft u geleerd over deze situatie?

_____
_____
_____
_____

If you have any concerns about our products,
you can contact us on
ProductSafety@springernature.com

In case Publisher is established outside the EU,
the EU authorized representative is:
**Springer Nature Customer Service Center GmbH
Europaplatz 3, 69115 Heidelberg, Germany**

Printed by Libri Plureos GmbH
in Hamburg, Germany